Physical Training
for Flight Attendants

항공체육 50선

항공서비스시리즈 ❸-1

Physical Training

for Flight Attendants

항공체육 50선

차유진·박혜정 공저

(주)백산출판사

Physical Training for Flight Attendants

본 항공체육 50선은 필라테스 운동을 중심으로 구성하였으며
매트운동과 소도구(밴드, 폼롤러)를 활용한
50개의 운동 동작을 소개하였다.

Who?

서론

항공기 승무원이 되기 위해서는 급변하는 시대의 다양한 고객 요구에 부합하는 서비스 매너의 체득, 커뮤니케이션 스킬의 훈련, 관련 전문지식의 습득, 건강한 체력 등 다양한 요건들을 모두 갖추어야 할 것이다.

이 중 건강한 체력은 승무원 채용 과정에서 평가되는 신체적인 요건을 갖추기 위해서는 물론, 승무원이 된 이후에도 평생 직업으로 즐겁게 비행근무를 하기 위해 무엇보다 중요한 바탕이 되는 요소라고 할 수 있다.

최근 들어 2차, 3차에 걸친 승무원 채용 면접전형에 모두 합격하고도 최종 단계인 체력 및 신체검사에서 불합격의 고배를 마시는 지원자들이 종종 발생하고 있는 사례를 보면 승무원이 되기 위한 준비사항에 다른 요건들과 함께 체력관리도 매우 중요한 항목이 된다는 점에 더욱 주목해야 할 것이다.

일반적으로 승무원은 겉보기에 화려해 보이고 매우 날씬한 신체를 가져야 하는 것으로만 잘못 알려져 있으나 그 업무 내용을 보면 강인한 인내력과 체력이 뒷받침되지 않으면 해내기 어려운 직업이다.

누구에게나 건강한 체력을 유지하기 위해 평소 꾸준한 운동과 균형 잡힌 식사, 올바른 자세를 유지하는 생활습관 등이 필요하지만 지상에서 활동하는 일반인과 다른 환경에서 근무하며 비행기 내에서 승객의 안전과 쾌적한 여행을 위한 책임을 완수해야 하는 승무원에게 있어서 건강한 체력은 무엇보다 필수적인 요건임에 틀림이 없다.

승무원은 지상에서 근무하는 일반 직장인과 달리 10,000m 상공의 항공기 내에서 일을 하고 또한 장거리 비행의 경우는 시차를 넘나들며 10시간 넘게 끊임없이 걷고 움직이며 때로는 식사를 거르기도 하는 등 지상에서보다 몇 배 힘든 체력을 요하는 환경에서 근무해야 한다.

그러므로 이러한 항공기내서비스 업무를 신체적으로 어려움 없이 해낼 수 있는 체력을 갖추는 일이야말로 승무원에게 가장 기본요건이 된다고 할 수 있으며, 승무원에게 있어서 체력관리는 항상 신체의 움직임을 무리 없이 원활하게 하며 간혹 근무 중 신체적으로 생길 수 있는 부상에 대한 예방 및 건강 증진에도 도움을 준다.

또한 건강한 체력이란 단순히 신체적인 것만을 의미하는 것뿐만 아니라 육체적, 정신적인 면 모두의 건강을 의미함을 강조하고 싶다.

본 항공체육 50선을 출간하게 된 이유는 승무원이 되기 위한 준비에 있어 필수적으로 밑바탕이 되어야 하는 체력관리에 대한 중요성을 인식하여 평소에 운동을 통해 철저히 준비하도록 하고 또한 승무원이 된 이후에도 건강히 즐겁게 비행 근무를 할 수 있도록 하기 위함이다.

본서에서 제시하게 될 필라테스의 창시자인 조셉 필라테스(Joseph Hubertus Pilates, 1881-1967)는 전신 건강을 운동과 식이요법, 깨끗한 위생, 수면 습관, 충분한 일광욕 그리고 맑은 공기, 일과 여가, 휴식 등 삶의 균형을 통해 얻을 수 있다고 하였다.

이러한 필라테스의 철학을 바탕으로 한 심신 통합, 강한 정신, 모든 일에 대한 열정 등이 삶의 질을 높이는 것이며, 승무원이 되기 위한 준비를 위해서 또한 신체적으로 원활하고 건강한 비행 근무를 위해서도 본서가 도움이 될 것을 확신한다.

공저자 씀

the Whole Body Health could be achieved through exercise, proper diet, good hygiene and sleeping habits, plenty of sunshine and fresh air, and a balance in life of work, recreation and relaxation.

Contents

How

when
Where

Appendix

What?

The Pilates Method of Body Conditioning develops the body uniformly, corrects posture, restores vitality, invigorates the mind and elevates the spirit.

신체를 단련하는 필라테스 운동방법은 신체의 균일성을 발달시키고, 자세를 바르게 해주며, 활력을 회복시켜주고, 정신의 활기를 북돋아 정신과 마음을 고양시킨다.

필라테스란?

필라테스는 신체를 균형있게 발달시켜주고, 바르지 못한 자세를 올바르게 잡아주며, 신체기능과 정신을 향상시켜주는 운동방법이다.

이 운동을 통해 근육을 강화시키고 몸의 유연성을 증가시켜주며 몸의 건강을 회복시켜준다.

필라테스는 안전하면서도 체계적인 방식으로 우리 몸의 중심인 복부를 강화시키는 것을 시작으로 점진적으로 몸 전체를 발달시켜 신체의 균형을 잡고 바른 자세를 만드는 것을 추구한다. 또한 동작을 수행하면서 내 몸에 집중하는 것을 통해서 정신까지 건강하게 만들어주는 운동이다.

필라테스의 역사

필라테스는 1881년 독일에서 태어난 조셉 허벌투스 필라테스(Joseph Hubertus Pilates, 1881-1967)에 의해 개발되었다.

조셉은 선천적으로 허약하게 태어나서 약한 신체와 천식으로 심한 고통을 받았다. 그래서 그는 일생동안 건강과 신체 회복에 대해 지대한 관심을 갖고 자신의 약점을 극복하기 위해서 많은 운동들을 하게 되었다. 스키와 요가뿐 아니라 다이빙, 체조, 권투 등과 같은 운동은 선수로 활동할 정도로 뛰어난 실력을 갖게 되었다.

1926년 미국으로 이주하여 뉴욕시에 정착하면서 뉴욕시티 발레단이 있는 맨해튼 8번가에 스튜디오를 열게 되면서 많은 무용안무가들의 훈련과 재활을 돕기 시작했다. 그리고 그 운동방법을 "조절학(Contrology)"이라고 불렀고 꾸준히 이 운동 방식을 연구하고 전파하려고 노력하였다.

1966년 조셉이 운영하는 스튜디오에 화재가 발생을 하였는데, 그로 인해 폐에 심한 손상을 입게 되었고, 1967년 10월 87세의 나이로 세상을 떠나게 되었다.

필라테스의 철학 Pilates Philosophy

필라테스의 철학은 올바른 호흡을 통해 꾸준히 훈련하여 신체와 정신, 영혼까지 건강을 추구하며 소통하는 것이다.

1. 호흡 Breath

"무엇보다도, 정확하게 호흡하는 것을 배운다."

"들이마시고 내쉰다."

"완전히 내쉰다."

호흡은 전신기능의 일부로 폐활량을 증가시키고 산소공급과 생리적인 변화를 가져온다.

완전하고 지속적인 들숨과 날숨은 순환계가 모든 조직에 풍부한 산소가 함유된 혈류를 운반하여 영양분을 공급하는 것을 돕고 불순물과 노폐물을 없앤다. 필라테스는 이러한 순환과정을 '인터널 샤워(Internal Shower)'라고 부르며 정신과 신체를 활성화하고 활기를 되찾게 한다고 했다.

2. 전신의 몰입 Whole Body Commitment

"일생에서 내 능력의 범위 내에 가장 높은 성과를 이루려면, 반드시 지속적으로 강해지고 건강한 몸을 유지해야 하며, 능력의 한계에 대한 정신을 발달시키는 것이다."

> *"To achieve the highest accomplishments within the scope of our capabilities in all walk of life, we must constantly strive to acquire strong, healthy bodies and develop our minds to the limit of our ability."*

전신의 몰입은 정신과 신체를 수양하는 방식이다. 몰입한다는 것은 직업윤리(도덕, 근면)의 하나이며, 어떤 사람에 대한 태도이며, 전신건강을 위해

반드시 필요한 생활습관이다.

Whole Body Commitment is mental and physical discipline, a work ethic, an attitude toward one's self and assuming a lifestyle that is necessary to achieve Whole Body Health.

3. 전신의 건강 Whole Body Health

"체력은 정신과 신체를 하나로 발달시키고 유지하는 것의 결과물이고 마음에서 우러나온 열정과 기쁨으로 많은 것들을 자연스럽고 쉽게 그리고 만족스럽게 구현한다."

"Physical fitness is the attainment and maintenance of a uniformly developed body with a sound mind fully capable of naturally, easily, and satisfactorily performing our many and varied tasks with spontaneous zest and pleasure."

전신의 건강은 신체, 정신 그리고 영혼이 함께 완전히 조화를 이루어 발달하는 것을 말한다.

Whole Body Health refers to the development of the body, the mind and the spirit in complete coordination with each other.

필라테스는 전신건강을 운동과 식이요법, 깨끗한 위생, 수면 습관, 충분한 일광욕 그리고 맑은 공기, 일과 여가, 휴식 같은 삶의 균형을 통해 얻을 수 있다고 했다.

심신 통합, 강한 정신, 열정 등을 통하여 삶의 질을 높이는 것이 필라테스가 추구하는 것이다.

필라테스의 원리 The Pilates Movement Principles

1. 호흡 Breathing

호흡은 자연스러운 움직임을 촉진시켜주는 필라테스에서 핵심적 요소다. 필라테스는 정신과 육체를 연결하기 위해 깊고 지속적인 호흡을 수행한다. 호흡은 집중력을 향상시키고 굳어있는 근육을 이완시켜 스트레칭 효과를 유도하며 폐활량을 증진시킨다. 또한 호흡은 우리 신체가 최적의 상태로 움직임을 준비하고 수행할 수 있도록 돕는다.

2. 집중 Concentration

집중은 지금 하고 있는 일에 관해서 정신과 주의를 최대한 기울이는 것이다. 집중하지 않는다면 모든 동작들이 형태와 목적을 잃어버린다. 조셉 필라테스는 "주의를 기울이지 않고 20번 하는 것보다 집중해서 5번 하는 게 더 낫다."라는 말을 자주 하였다. 완전한 집중을 통한 한 번의 움직임은 집중하지 않고 여러 번 움직임는 것보다 더 효율적이다.

3. 조절 Control

조절은 모든 동작을 취할 때 형태와 움직임을 이해하고 그 동작을 유지하는 능력을 말한다. 필라테스 동작들은 지속적인 조절을 통해 이루어지며, 조셉이 살아있는 동안에는 필라테스를 '컨트롤로지(조절학)'라고 표현하기도 했다. 이는 적은 반복 횟수로도 효율적인 운동 효과를 보기 위해서 필요하다.

4. 중심화 Centering

필라테스의 모든 움직임은 중심에서 바깥으로 향한다. 우리 몸의 중심부인 코어에서 손끝과 발끝까지 힘이 뻗어나간다. 즉, 심복부를 사용하여 몸통의 안정성을 갖고 사지를 길게 뻗어 움직이는 것을 말한다.

5. 정확성 Precision

필라테스 동작은 집중과 조절, 그리고 중심화가 잘 지켜졌을 때 더욱 정확해진다. 모든 필라테스 동작은 신체의 바른 정렬 상태를 유지하여 정확하게 움직여야 한다.

6. 균형 잡힌 근육 발달 Balanced Muscle Development

신체의 정렬과 형태를 이해하고 수련을 하다 보면 자세가 개선되고 체력이 향상되면서 몸과 마음의 편안함을 갖게 된다. 결국 전체적으로는 신체를 균형감 있게 골고루 발달시켜준다.

7. 리듬/흐름 Rhythm/Flow

필라테스의 모든 움직임은 물 흐르는 듯한 느낌으로 리드미컬하게 이루어져야 한다. 필라테스 동작의 이 같은 흐름은 관절에 가해지는 압력의 양을 줄여 부드럽고 기능적인 움직임을 만든다. 이러한 움직임은 신체가 전체적으로 부드럽게 흐르도록 하여 움직임의 패턴을 발달시킨다.

8. 전신의 움직임 Whole Body Movement

필라테스는 부분적인 움직임의 운동이 아니라 전신 운동이다. 신체의 전반적인 흐름에 움직임을 통합하는 것이고, 정신과 신체를 연결하여 명료함과 효과를 창출해내는 것이다. 이러한 움직임은 곧 신체와 영혼을 통합해 삶의 균형을 이루게 된다.

필라테스의 목표와 효과 Goals and Benefits

필라테스를 통한 목표는 다음과 같다.

- 협응력(Coordination)
- 근력(Strength)
- 가동성(Mobility)
- 효율적인 움직임(Efficient movement)
- 부드러운 움직임(Flowing movement)
- 바른 자세(Proper posture)
- 정신과 영혼의 회춘(Mental and spiritual rejuvenation)
- 자기인식(Self awareness)
- 자신감(Self confidence)
- 본연의 동물적 움직임 복원(Restoration of natural animal movement)
- 마음과 몸과 정신의 통합(Integration of body, mind, spirit)
- 행복감(Sense of well-being)
- 삶의 질 향상(Enhance quality of life)

필라테스를 통해 얻게 되는 주요 효과는 마음의 신체의 완전한 조절에 정신적 통달을 얻는 것이다.

필라테스 용어

(1) 기본자세 명칭

- 바르게 누운 자세(Supine) : 등을 대고 바로 누운 자세를 의미한다.
- 엎드려 누운 자세(Prone) : 배를 바닥에 대고 엎드려 누운 자세를 의미한다.
- 옆으로 누운 자세(Side Laying) : 몸의 측면을 바닥에 대고 누운 자세를 의미한다.
- 앉은 자세(Sitting) : 좌골의 정점으로 앉아 골반과 척추의 중립을 유지해 앉은 자세를 의미한다.
- 서 있는 자세(Standing) : 몸의 정렬을 유지하면서 서 있는 자세를 의미한다.
- 기는 자세(All Fours) : 일명 고양이 자세이며, 골반과 척추의 중립을 유지한 것을 의미한다.

- 플랭크 자세(Plank) : 손바닥을 짚고 푸시업 자세를 취한 것을 의미하다.

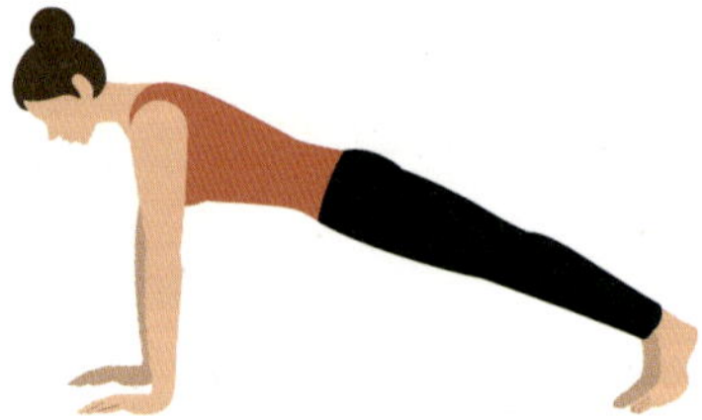

(2) 몸의 움직임 명칭

- 굴곡(Flexion) : 해부학적 자세로부터 몸을 앞으로 굽히는 것을 의미한다.
- 신전(Extension) : 해부학적 자세로부터 몸을 뒤로 젖히는 것을 의미한다.
- 회전(Rotation) : 해부학적인 자세에서 몸을 돌리는 것을 의미한다.
- 측면 굴곡(Lateral Flexion) : 해부학적인 자세에서 몸을 옆으로 굽히는 것을 의미한다.
- 분절(Articulation) : 척추를 굴곡시켜 내려가고 올라올 때, 한 번에 척추를 하나씩 움직이는 것을 의미한다.

(3) 필라테스 기본동작

• 복부 가라앉혀 올리기(Abs in & up)

배꼽을 척추 쪽으로 당기고 꼭 끼는 청바지의 지퍼를 채운다고 상상한다. 해부학적으로 가장 깊은 복근과 내장 기능에 영향을 주고, 몸통의 지름을 줄여준다. 복횡근, 내외복사근, 복직근의 안쪽을 자극하여 허리를 지지하는 역할을 한다.

• 상체 올리기(Upper Abdominal Curl)

등상부에서 견갑골까지 들어 올리는 동작이다. 이때 등하부(허리)는 매트에서 붙이고, 목의 긴장은 풀어서, 등상부를 유연하게 해준다.

• 선반 자세(Table top position)

바르게 누운 자세에서 다리를 들어 올려 골반과 다리, 다리와 무릎을 90°로 구부리는 자세이다.

• 도어 프레임 암(Door frame arms)

정면으로 팔을 뻗고 어깨를 넓게 하여 마치 창문의 사각형 틀 모양이 되도록 만드는 것이다.

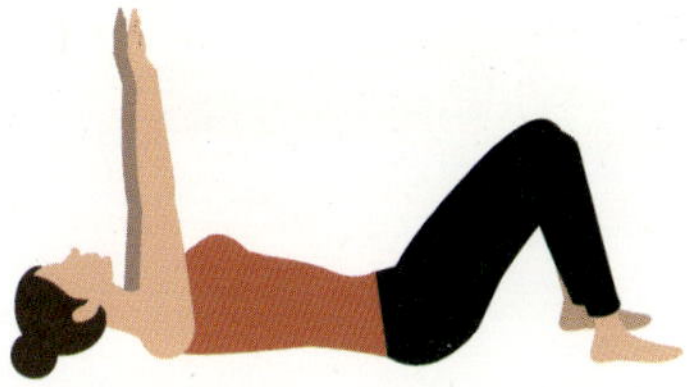

• 브리지(Bridge)
바르게 누운 자세에서 골반을 들어 고관절을 신전하는 동작이다. 척추를 중립 위치에 놓고 등을 굽히지 않아야 한다.

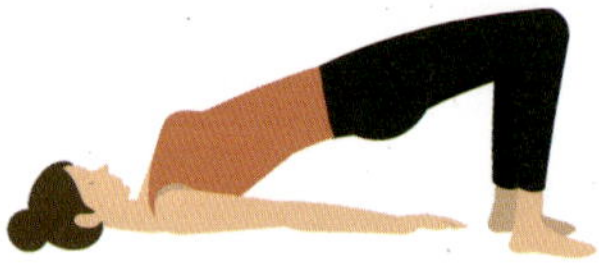

• C 커브(C curve)
등상부를 둥글게 하여 몸통의 모양을 C로 만드는 것을 말한다. 이 동작은 심복근을 수축하면서 시작하여 척추를 부드럽게 스트레칭하는 방식이다.

• 균형점(Balance Point)
앉은 자세에서 골반의 편평한 천골 부분에서 균형을 잡을 수 있는 위치이다.

• 길어지기(Elongation)
모든 필라테스 동작에 해당되는 명칭이다. 척추, 팔, 다리, 허리의 모든 부분이 길어지도록 몸을 움직여야 한다.

• 척추 탑 쌓기(Stacking the spine)
꼬리뼈부터 머리까지 척추를 하나하나 쌓아 올리는 느낌으로 척추를 반듯하게 세우는 동작이다.

Why

It is the mind itself which builds the body
The Pilates Method of Body Conditioning is gaining the mastery of your mind over the complete control over your body.

몸을 만드는 것은 마음이다.
신체를 단련하는 필라테스 운동방법은 몸을 완벽히 컨트롤 하는 것을 통해 마음까지 지배하도록 해준다.

왜 해야 하나

승무원의 기내 업무는 기본적으로 식음료서비스를 위한 기물과 카트의 핸들링, 승객들의 짐 정리 등 승무원의 체력을 요하는 작업들이 많은 환경에서 이루어진다.

또한 비상시 승객의 안전을 책임지고 수행해야 할 임무가 있는 만큼 평상시 강한 체력을 유지하는 것이 중요한 요건이 된다.

이는 평소에 꾸준한 운동으로 체력을 키워야 신체적으로 무리 없이 업무수행을 할 수 있으므로 승무원에게 체력관리가 가장 기본요건이 되는 이유다.

이러한 이유로 항공기 승무원 채용과정 중에 체력검사를 실시하게 된다. 항공사별로 시행되는 평가항목에는 약간의 차이가 있으나 최종 합격하기까지 심폐지구력, 근력, 순발력 테스트, 유연성 테스트 등을 테스트하는 자전거 타기, 배근력, 윗몸 일으키기, 악력 테스트, 제자리 높이 뛰기, 체전굴(좌전굴) 등 여러 종류의 체력평가 항목을 통과해야 된다.

검사 결과가 기준 점수 이하로 떨어질 경우 재시험을 치르거나 심지어 탈락이 될 정도로 엄격하므로 평소에 철저히 준비해야 한다.

또한 항공기 승무원은 입사 후에도 소속 항공사에서 1년에 한 번씩 건강과 체력 상태를 점검하는 신체검사 및 체력검사를 실시한다.

신체검사도 물론이지만 체력검사는 1년 동안 얼마나 체력을 길렀는지 여실히 드러나기 때문에 비행근무 중에도 평소 계획적인 체력관리가 중요하다.

항공사별 체력평가

악력

평가 목적	**손으로 물건을 쥐는 힘을 말한다.**
평가 방법	양발을 어깨 넓이로 벌리고, 측정기를 움켜진 손이 몸의 측면에 닿지 않도록 자연스럽게 벌린 상태에서 최대한 힘껏 쥐도록 한다. 양쪽 팔을 번갈아가며 측정하고, 측정단위는 kg 단위로 각각 1회씩 측정하여 더 높은 값을 채택하거나 오른손 두 번, 왼손 두 번씩 총 네 번을 측정하여 그 평균점을 합산하여 점수를 측정한다. 보통 23kg~25kg가 가장 많은 편이며 항공사에 따라 합격기준은 25-30 이상이다.
연습 방법	1. 작고 휴대 가능한 악력기를 이용해서 평소에 반복적으로 훈련한다. 2. 500ml 페트병을 이용하여 물을 반 정도 채우고 한손의 악력만을 이용하여 쥐었다 폈다를 반복한다. 3. 두꺼운 책을 손으로 꽉 잡고 아래 방향으로 향하며 책이 떨어지지 않도록 손끝에 힘을 주고 버티는 연습을 한다.
비고	측정기계 자체의 무게도 있어서 꽉 쥐는 것이 쉽지 않으므로 순간적으로 한 번에 최대한 힘을 주는 것이 좋다.

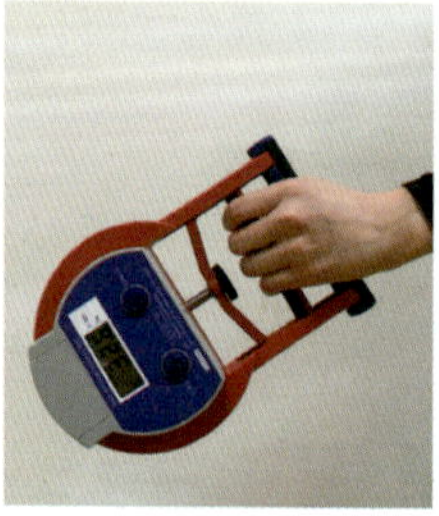
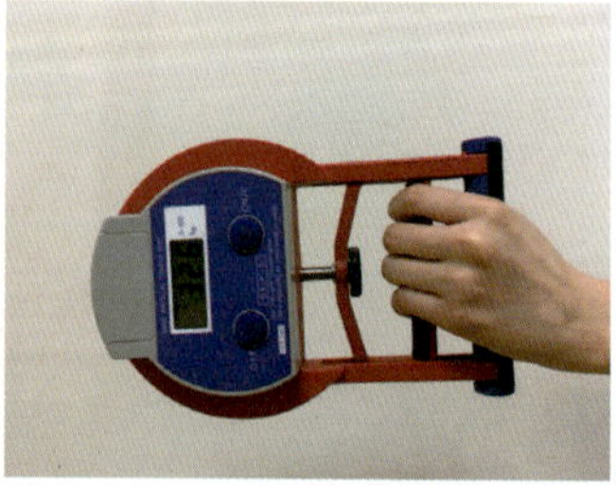

윗몸 일으키기

평가 목적	**복근력 측정을 위해 하는 것이다.**
평가 방법	1. 싯업 보드에 양발을 발걸이에 걸고 무릎은 굽혀 세운다. 몸은 반듯하게 눕고 두 손은 머리 뒤에 깍지를 켜서 머리 뒤에 둔다. 2. 시작 구령에 복근만을 이용해서 몸을 일으키고 몸을 앞으로 굽힌다. 3. 양 팔꿈치가 무릎에 닿으면 다시 누운 자세로 돌아간다. 이때, 등이 싯업 보드에 닿아야만 한다. 4. 30초간 실시한다. 어깨와 무릎 사이에 측정감지센서가 있어서 평지에서 센서 사이를 왕복하며 그 센서를 통과할 때 카운팅이 되는 방식이다. 그러므로 상체가 바닥에 내려갔을 때는 등이 완벽히 닿아야 하고 올릴 때는 상체가(팔꿈치) 확실히 닿아야 카운트가 되니 주의해야 한다. 반드시 손은 머리 뒷부분에 고정한 상태에서 해야 하며 등이 완전히 바닥에 닿은 것만을 개수로 인정한다. 30도 정도 경사가 진 곳에 누워서 등이 완전히 바닥에 닿은 것만을 개수로 인정하며 30초 내에 윗몸 일으키기로 측정한다.(15~20개 이상)
연습 방법	1. 평소에 윗몸 일으키기 훈련을 하는 것이 좋다. 머리 뒤에 수건을 대고, 수건의 양 끝을 잡고 윗몸 일으키기를 연습한다. 2. 목표개수를 설정하여 점차적으로 늘려가는 방식으로 연습한다. 3. 목표개수를 달성하면, 목표한 시간(초)을 설정하여 그 시간 안에 목표개수를 달성하도록 연습한다.
비고	항공사에 따라 매트나 기울어진 기구에서 실시한다.

배근력

평가 목적	**배근력이란 허리와 등에 있는 근육의 힘을 말한다.** 이 근력이 약해지면 무거운 것을 들 때 요통을 일으키기가 쉽고 척주의 정상 만곡이 변화해서 등이 굽어지게 된다.
평가 방법	배근력계의 발판 위에 올라서서 상체를 30도 앞으로 기울여 손잡이를 잡은 상태로 어깨, 팔 그리고 배근력 기계가 일직선이 되도록 자세를 유지한다, 두 무릎은 편 상태로 몸이 뒤쪽으로 넘어가지 않도록 유지한 채 측정을 한다. 항공사에 따라 합격기준은 60-70 이상이다.
연습 방법	1. 배근력을 높이려면 악력을 높여야 한다. 2. 복근운동 뿐 아니라 상체를 뒤로 하는 신전운동 등 몸통운동을 꾸준히 해야 한다.
비고	1. 한 번에 힘을 모아 세게 당기는 것이 효과적이다. 2. 발끝과 배근력기계를 잡고 있는 손과 팔, 어깨의 각도가 90° 유지 (무게중심이 뒤로 가지 않도록 한다) 3. 배근력기 바를 잡는 힘이 약하다면 훅그립으로 잡는다. (훅그립: 양 손의 엄지손가락을 집게 손가락으로 눌러서 갈고리 모양으로 쥐는 것) 허리가 약하거나 디스크 등 요통증상이 심한 경우 유의한다.

배근력계

유연성 테스트(체전굴/좌전굴)

평가 목적	**체전굴(서서 윗몸 아래로 굽히기)과 좌전굴(앉아서 윗몸 앞으로 굽히기)은 유연성을 알아보기 위한 측정법이다.**
평가 방법	체전굴은 측정기의 발판에 올라서서 무릎을 곧게 펴고 윗몸을 앞으로 굽혀 양손을 포개도록 하고 포개어진 손의 중지 끝부분으로 미끄럼판을 밀어내도록 한다. 좌전굴은 매트에 앉아 발바닥을 측정기의 발판에 밀착하여 붙이고, 무릎을 곧게 펴서 윗몸을 앞으로 굽힌다. 이때 양손은 포개서 손가락 끝부분으로 미끄럼판을 밀어내도록 한다. 발끝은 0점에 고정되어 있으며 손가락 끝이 발끝보다 더 나가면 (+)로, 더 나가지 못하면 (–)로 계산한다. 횟수는 2회를 측정하여 최고치를 채택하고 기록의 측정단위는 cm이다. 측정 시에는 반동을 금하며 천천히 윗몸을 앞으로 굽히면서 두 손의 손끝은 다리를 가볍게 스치면서 곧게 내려 편다.
연습 방법	1. 한쪽 다리씩 다리를 옆으로 벌려서 윗몸을 앞으로 구부리는 스트레칭을 해준다. 2. 이상근 스트레칭을 해준다. 3. 밴드를 잡고 팔을 앞뒤로 원을 그리며 돌리는 동작을 한다.
비고	무릎을 구부리거나 반동을 하지 않는다.

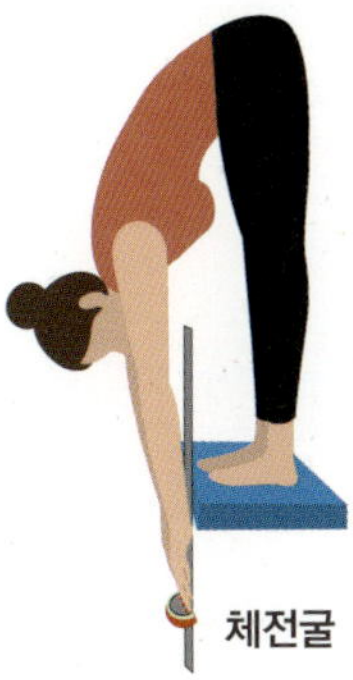
체전굴

좌전굴

자전거 타기(사이클)

평가 목적	**심폐지구력을 알아보기 위한 측정법이다.**
평가 방법	50RPM(1분에 50번의 회전속도)을 유지한 상태로 심장박동수가 140이 되기 전까지 몇 분 동안 탈 수 있는지를 측정한다. 5-10분 정도 자전거를 탄 후, 심장박동수가 140이 넘으면 저절로 멈추게 된다.
연습 방법	평소에 지속적인 자전거 타기, 조깅, 등산과 같은 유산소 운동을 통해서 폐활량을 높이도록 연습한다.
비고	항공사에 따라 배근력 대신 자전거 타기를 실시한다. 심장박동수가 높아지면 자동으로 꺼지므로 긴장하지 말고 편안하게 심호흡하면서 페이스 조절을 하는 것이 중요하다.

제자리 높이뛰기

평가 목적	**하체 순발력을 알아보기 위한 측정법이다.**
평가 방법	발밑에 센서가 있고 제자리에서 점프할 때 공중에 떠 있는 시간을 측정한다. 2회 실시해서 좋은 기록으로 평가한다. 점프한 시간을 재는 것으로 높이 뛸수록 시간이 많이 측정되게 된다.
연습 방법	1. 점프력을 극대화하기 위해서 스텝박스 오르기, 장애물 뛰어넘기 같은 동작을 반복하면서 연습한다. 2. 스쿼트 동작과 위로 뛰는 연습을 반복적으로 연습한다. 3. 높은 점프력을 위해서는 허리근력이 필요하므로 필라테스 스완자세로 연습한다.
비고	

민첩성 테스트(반응시간 측정)

평가 목적	**반응시간 측정을 통해 민첩성을 평가하기 위한 측정법이다.**
평가 방법	발밑에 센서가 있어서 이 센서가 '삐~' 하는 소리와 빨간 불빛이 동시에 들어올 때 발을 재빨리 움직여 빠르게 반응해야 하는 테스트이다. 2회 측정하여 잘 나온 기록으로 평가한다.
연습 방법	빠르게 반응하는 근육인 속근을 만드는 것이 중요하므로 20m 왕복달리기로 연습을 한다.
비고	

(눈감고) 외발서기

평가 목적	평형성을 알아보기 위한 측정법이다.
평가 방법	자신이 편한 한쪽다리만 사용하여 균형을 잡는 것으로 120초 이상 눈을 감은 채 한 발을 들고 있어야 한다. 두 눈을 감고, 한쪽 무릎을 90도 각도로 구부린 상태에서 손은 허리에 두고 시간을 측정한다. 눈을 뜨거나 손이 허리에서 떨어지거나 들고 있던 다리가 바닥에 닿거나 짚게 되면 측정이 종료된다.
연습 방법	1. 발바닥 마사지를 통해서 발의 감각을 깨워준다. 2. 매트와 같은 푹신한 곳에서 외발서기를 연습하여 감각을 익힌다.
비고	

수영

평가 목적	**비상시 대비하여 수영 가능 여부를 테스트하기 위함**
평가 방법	배영을 제외한 자유영/평영/접영 중 편한 영법으로 대략 35초(길게는 1분) 이내 25m를 완주한다. 이때 발이 바닥에 닿으면 안되며, 레일을 이탈하거나 손으로 잡지 않아야 한다.
연습 방법	전신운동으로도 적합한 수영을 평소에 배워두는 것이 바람직하다.
비고	가장 잘 수행할 수 있는 영법을 선택하여 연습한다.

신장과 암리치 Arm Reach

최근 들어 대부분 국내 · 외 항공사가 승무원 채용공고 내용 중 지원 자격의 신체조건을 수치로 정해 놓고 있지 않고 '기내안전 및 서비스 업무에 적합한 신체조건을 갖춘 건강한 자'로 기술해 놓고 있는 추세이다.

그러나 기본적으로 기내업무에 적합한 신체조건이 요구되므로 실제로 채용전형 과정에서 신장과 암리치를 측정하기도 한다.

암리치는 서서 발 뒷꿈치를 들고 한 쪽 팔을 뻗어 나오는 최대의 길이를 말한다. 승무원의 암리치를 지원 조건으로 제시하는 항공사의 경우 승무원 체력검사 할 때 정해진 높이에 손을 터치하도록 하여 평가한다.

외국항공사는 항공사별로 차이가 있으나 신장 160cm 내외 정도로 규정하고 있으며, 암리치를 측정하는 항공사의 경우도 210-220cm 범위 내로 규정하고 있다.

승무원 채용시 신장 혹은 암리치를 중요하게 생각하는 이유는 원활한 기내업무 및 안전상의 이유이다.

기내에서 승무원이 승객좌석을 안내하거나 승객들의 짐을 선반에 올리거나, 이착륙 준비 시에 선반을 닫기 위해서, 또한 갤리 등 기내업무 공간에 위치한 수납장들에 닿기 위한 업무상의 최소한의 높이를 감안하여 또한 기내 곳곳에 배치되어 있는 기내 안전 장비들에 손을 뻗어 닿을 수 있는지 등을 체크해야 하는 등의 이유로 이에 적합한 신체조건이 요구되기 때문이다.

암리치 테스트는 대부분의 외항사 승무원 채용과정 중에는 필수적으로 거쳐야 하는 과정이며 신장조건에 맞아도 기준 암리치가 안닿는 경우도 있기 때문에 자신의 암리치가 얼마나 되는지 확인할 필요가 있다.

자신의 목표 항공사 암리치 기준에 미치지 못할 경우 자세교정, 스트레칭 등 유연성 훈련으로 암리치가 늘어날 수도 있으므로 평소에 꾸준히 운동하는 것이 필요하다.

항공사 신체검사

항공사별로 검사 항목에 약간의 차이는 있으나 채용전형 최종 단계에서 체력검사와 별도로 다음 항목들의 신체검사가 실시된다.

- 신장/체중/체지방 측정
- 혈압검사
- 혈액검사
- 소변검사
- 시력검사(색맹검사)
  대부분 항공사는 안경 착용을 허용하지 않아 승무원 지원 조건에 1.0 정도의 시력을 요구하고 있다.
- 청력검사/고막검사
- X-ray(흉부-척추 측만 여부 파악)
- 내과검진
- 심전도
- 흉터검사
- CYBEX(무릎 근력 및 질환검사)
- 누워서 다리 들어 올리기

Analysis

If your spine is inflexibly stiff at 30, you are old. If it is completely flexible at 60, you are young.

만약 30세에 당신의 척추가 뻣뻣하다면, 당신은 늙은 것이다. 만약 60세에도 완벽히 유연하다면, 당신은 젊은 것이다.

자기분석

나의 비만도를 측정해보자!

우리 몸 안에 체지방이 비정상적으로 많은 상태를 비만이라고 한다. 보통 체질량지수(BMI)와 복부지방률(WHR: Waste Hip Ratio), 그리고 체지방지수(%) 등이 비만지표로 많이 사용된다.

1. 체질량지수(BMI)

체질량지수는 성인에서 체지방과 상관관계가 있는 것으로 보통 체중을 신장의 미터제곱으로 나누어서 구하게 된다.

체질량지수(BMI) = 체중(kg) / 신장(㎡)

체질량지수 측정을 위해서는 신장과 체중을 측정하게 되는데, 체중은 금식 후 (8시간) 아침에 소변을 본 후 가벼운 옷차림으로 측정하는 것을 원칙으로 한다. 이렇게 신장과 체중을 측정하고 신장을 미터로 환산하여 제곱한 값으로 측정한 체중을 나누게 되면 체질량지수가 계산된다.

아래의 표는 비만의 진단과 치료 중 - 아시아 태평양 지역 지침(2000)이다.

분류	체질량지수	동반질환의 위험도
저체중	〈 18.5	낮다 (다른 건강상문제가 증가할 수 있음)
정상	18.5 ~ 22.9	낮다
위험체중	23 ~ 24.9	보통
비만	≥ 25	증가

2. 복부지방률(WHR: Waste Hip Ratio)

복부비만을 나타내는 지표로써 허리/엉덩이 둘레를 이용하여 복부지방률을 측정한다.

복부지방률(WHR) = 허리둘레(cm)/엉덩이둘레(cm)

허리둘레는 다리를 25-30cm 정도 벌린 후, 배꼽과 거의 수평한 부분인 허리에서 가장 얇은 곳을 0.1cm 단위까지 측정한다.
엉덩이 둘레는 엉덩이 둘레 중 가장 넓은 부위를 측정한다.

WHR이 클수록 복부에 지방이 많다는 의미인데 허리둘레가 남자는 0.95(36인치) 이상, 여자는 0.85(33인치) 이상이면 복부비만에 속한다.
아래의 표는 건강운동관리사 자격증 과정의 지침(2017)이다.

	남자	여자	동반질환의 위험도
정상	〈 0.90	〈 0.80	낮다
경계성 비만	0.90-0.99	0.80-0.84	약간 높은 위험
비만	〉1.0	〉0.85	높은 위험

3. 체지방률(%)

체지방률은 보건소, 병원, 헬스장에 있는 인바디 검사기(체지방측정기)와 같은 기계를 이용하여 측정한다.

체중에서 체지방이 차지하는 비율(%). 지방저장률이라고 하며, '%'를 지방의 단위로 표시되는 경우가 있다.

여자 : 30% 이상, 남자 : 25% 이상이면 비만에 해당한다.(항공사의 경우 20% 미만을 선호)

4. 표준체중법

표준체중법은 신장의 차이에 따라 계산법이 조금씩 다르다. 아래의 표준체중법 계산표를 통하여 표준체중에 의한 비만의 분류를 알 수 있다.

표준체중	비만 분류
160cm 이상	(신장-100)×0.9
160cm ~ 150cm	(신장-150)/2 + 50
150cm 이하	(신장-100)×1.0

표준체중	비만의 분류
90% 이하	저체중
90% ~ 110%	정상범위
110% ~ 120%	과체중
120% ~ 130%	비만
130% 이상	병적비만

체중신장기록표

(　　)월

- **체중:** 일주일 중 하루(요일)를 정하여 일정한 시간에 측정한다.
- **신장:** 오전과 오후의 신장 차이가 생기므로 오전 일정한 시간에 측정한다.

	일	월	화	수	목	금	토
체중							
BMI							
신장							
체중							
BMI							
신장							
체중							
BMI							
신장							
체중							
BMI							
신장							
체중							
BMI							
신장							

자세 분석

바른 정렬

운동의 효과를 높이기 위해서 자세를 분석하는 것은 좋은 자세와 효율적인 동작 패턴을 만들기 위해 매우 중요한 기본 요소가 된다.

자세 분석은 중요한 뼈의 위치 그리고 서 있는 자세에서 뼈의 정렬 상태를 파악함으로써 시작된다.

바르게 정렬된 신체는 스스로를 지탱하는 데 에너지를 덜 사용한다.

다음의 지침을 통해 바른 정렬을 이해하고 모든 운동에 있어 바르지 못한 정렬을 바른 정렬로 이끌어 나가는데 기본을 두도록 한다.

1. 옆모습

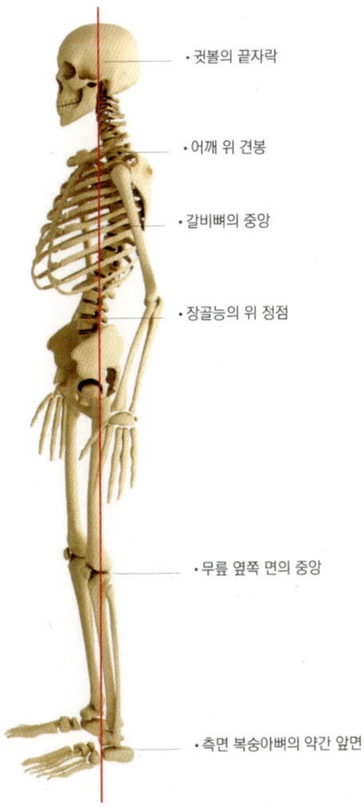

2. 앞모습- 일직선

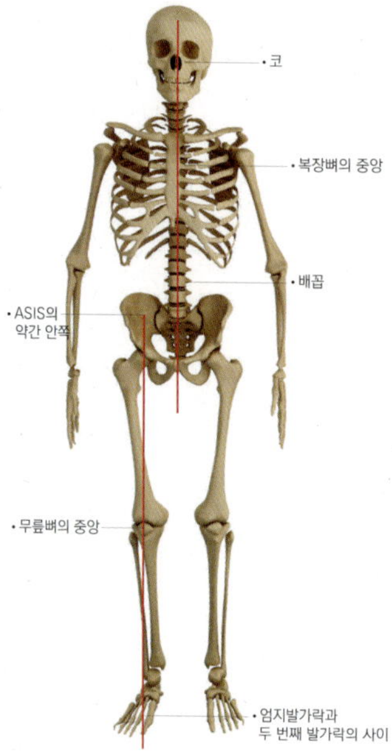

앞모습- 수평선

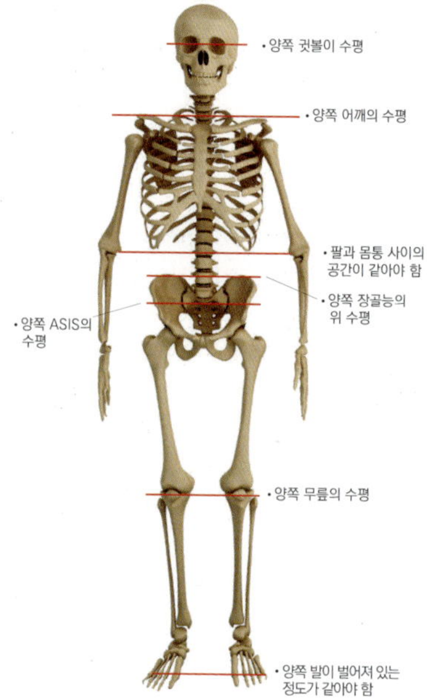

3. 뒷모습- 일직선

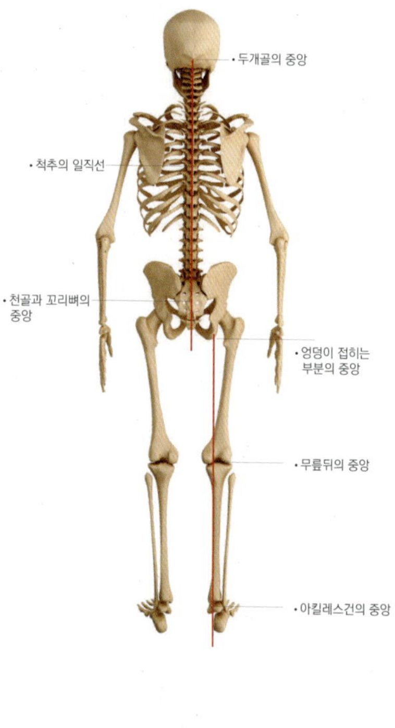

뒷모습- 수평선

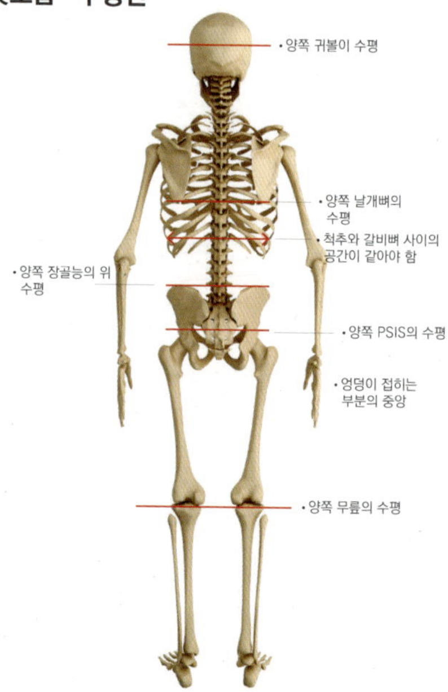

골반 중립

생체역학의 많은 연구에 의하면 골반이 중립 위치에 있을 때 척추는 역할을 가장 잘 수행한다고 한다. 골반을 중립 자세로 유지하면 다양한 자세에서 중심 근육조직에 가해지는 중력이 척추의 앞뒤 근육을 균형 있게 연계해 준다. 모든 움직임에 있어 항상 최고의 자세는 아니지만 기능적인 활동을 위한 최적의 자세인 만큼 복부를 강화시키고 골반의 중립 자세를 유지하는 방법을 익힌다면 강한 코어와 바른 자세를 만들 수 있다.

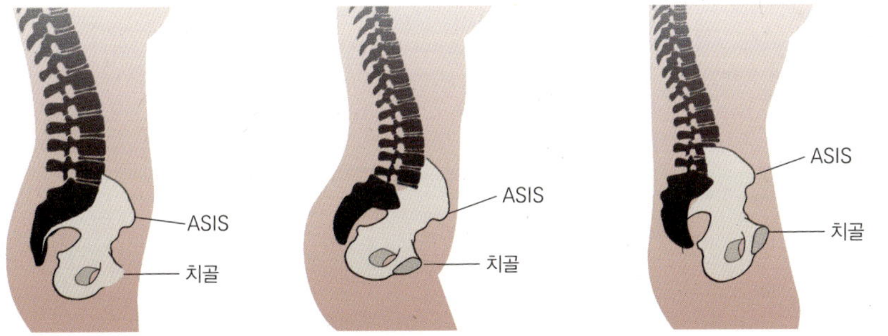

골반중립　　**전방경사**　　**후방경사**

자세 평가

- 운동 전/ 10회 후 / 20회 후 /30회 후 간격으로 실시한 후 몸의 변화를 체크해본다.
- 자세평가는 측면, 정면, 후면의 사진을 찍은 후 위의 표식점을 따라 자로 선을 그어 본다.

운동 전

평가일			
신장		체중	

측면	정면	후면
사진찍고 선긋기	사진찍고 선긋기	사진찍고 선긋기

10회 후

평가일			
신장		체중	

측면	정면	후면
사진찍고 선긋기	사진찍고 선긋기	사진찍고 선긋기

20회 후

평가일			
신장		체중	

측면	정면	후면
사진찍고 선긋기	사진찍고 선긋기	사진찍고 선긋기

30회 후

평가일			
신장		체중	

측면	정면	후면
사진찍고 선긋기	사진찍고 선긋기	사진찍고 선긋기

Preparation

Above all, learn how to breathe correctly.

무엇보다도, 호흡을 정확하게 하는 것을 익혀라.

Breath(호흡)

호흡이란, 산소를 마시고 이산화탄소를 내보내는 것을 말한다. 우리 몸에 들어온 신선한 산소는 혈액을 통해 운반되어 세포 곳곳에 활력을 주며, 이산화탄소를 포함한 폐기가스를 없애준다. 아마도 조셉 필라테스가 말했던 '호흡을 통해 몸안의 세포들을 청소시켜준다(Internal Shower)'는 것이 이런 원리를 잘 이해하고 있었기 때문이었다.

필라테스 호흡은 횡격막(Diaphragm)이 수축과 이완을 반복함으로써 폐의 부피를 조절한다. 마시는 호흡은 공기가 들어오면서 횡격막은 아래로 밀어내고, 내쉬는 호흡에 공기가 빠져나가면서 위로 올라간다. 호흡을 할 때 움직이는 횡격막은 단독적으로 움직이지 않고 갈비뼈 사이에 있는 근육들과 날개뼈를 올리는 근육들과 함께 움직인다. 그렇게 때문에 호흡을 했을 때 우리의 몸통이 3차원적으로 움직이는 현상을 만들어낸다.

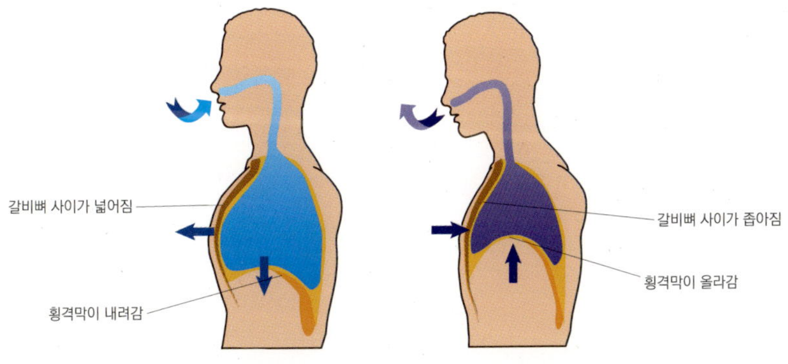

Inhalation(들숨) Exhalation(날숨)

그렇기 때문에 필라테스 호흡은 단순히 복식호흡이냐, 흉식호흡이냐로 구별 짓기는 어렵다. 이는 두 호흡이 함께 사용되기 때문이다. 단, 복식호흡은 들이마시는 호흡에 복부를 최대한 팽창시켜 호흡을 하는 것이라면, 필라테스 호흡은 최소한의 움직임을 이용한다. 흉식호흡은 갈비뼈 사이의 근육들을 최대한 늘려서 갈비뼈의 앞뒤, 좌우측면을 모두 늘리게 하는 호흡이라면, 필라테스 호흡은 갈비뼈의 뒤와 좌우측면을 늘리지만 앞쪽 갈비뼈가 많이 들리는 것을 제한한다. 이렇게 두 호흡이 복합적을 사용하는 이유는 몸안에 깊숙한 근육들을 사용하기 위해서다.

호흡연습방법

1. 밴드를 가슴 아래 두르고 밀어내기

2. 앉아서 한쪽 측면으로 기울이고 호흡하기

3. 휴식자세에서 등 호흡하기

4. 쿠션이나 공에 앉아서 호흡하기
(중심부 근육 인지하며 호흡하기)

5. 100 호흡하기(코로 5번 마시고, 입으로 5번 내쉬는 호흡)

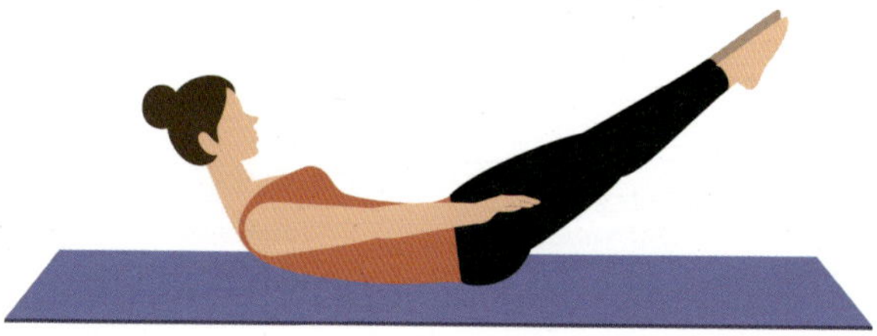

How

Physical Training for Flight Attendants

Mat

매트의 효능

필라테스 매트운동은 신체적인 면에서 코어근육을 중심으로 단련하여 전신의 근육들을 연결하는 운동이다. 그렇기 때문에 척추와 가깝게 붙어 있는 중심부 근육의 단련은 척추 교정의 효과가 있다. 또한 각각의 동작들을 완성해 나가는 과정에서 근력 강화와 신체의 균형, 유연성, 통증완화 등의 효과를 볼 수 있다. 정신적인 면에서는 매트동작을 수행하는 과정에서 몸에 집중하고 몰입함으로서 동작이 완성되는 것에 대한 성취감과 만족감을 얻음으로써 삶의 활력소적 영향을 준다.

M1 헌드레드 Hundred

- 복부 강화
- 몸통의 안정성
- 햄스트링 유연성
- 흉식 호흡을 통한 팔과 다리의 협응력 강화

8~10회

Ready

❶ 바르게 누운 자세를 한다.
❷ 두 무릎을 구부려서 가슴방향으로 접는다.
❸ 두 손은 무릎을 각각 잡는다.
❹ 상체 올리기를 하며, 두 팔을 골반 높이만큼 들고, 두 다리는 모아서 사선방향으로 길게 뻗는다.

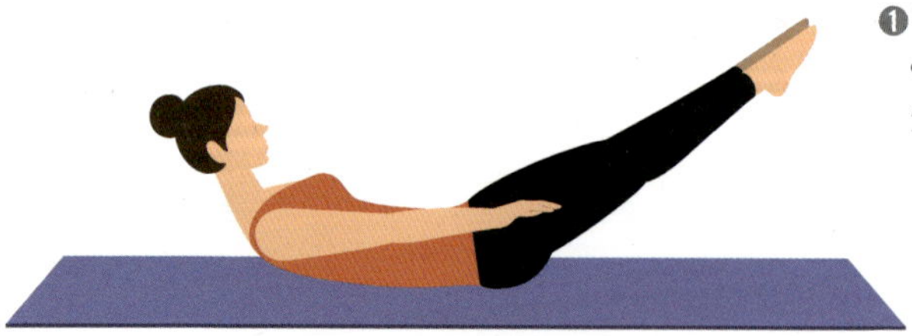

Start

❶ 팔을 위, 아래로 젓는다.
이때 마시는 호흡 5회, 내쉬는 호흡 5회를 반복한다.(100회 호흡)

- 상체 올리기를 할 때, 복부를 가라앉혀 올리기를 하여 목에 힘이 들어가지 않도록 한다.
- 어깨를 내린다.
- 몸통이 흔들리지 않도록 유지하며 두 팔을 움직인다. 이때 어깨에서 손끝까지 팔을 길게 뻗는다.
- 마시는 호흡 때 등을 부풀리고, 내쉬는 호흡 때 등과 배를 함께 가라앉힌다.
- 시선을 발끝 또는 복부를 응시하도록 한다.

M2 롤업 Roll Up

- 척추 분절을 통한 이완
- 골반과 복부근육 강화
- 심부 목근육 강화

3~5회

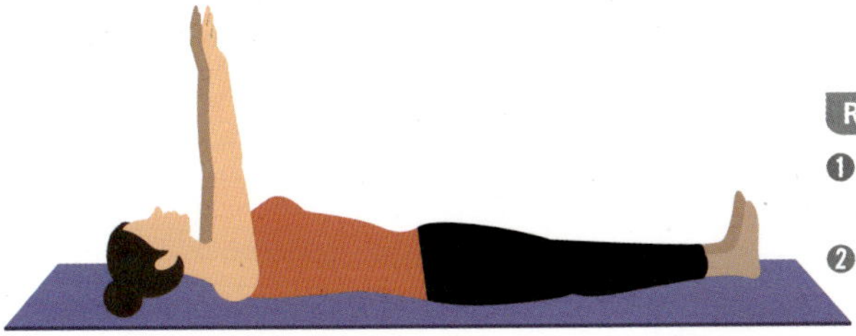

Ready

❶ 바르게 누운 자세를 하고 두 팔을 천장방향으로 길게 뻗는다.
❷ 두 다리는 붙이고, 발은 세워준다.

Start

❶ 마시는 호흡: 상체를 올려서 시선은 발끝을 바라보고, 두 팔을 골반 위치까지 내린다.
❷ 내쉬는 호흡: 척추를 분절하며 말아 올라온다.
❸ 마시는 호흡: 척추를 C커브로 유지하며, 길게 뻗는다.
❹ 내쉬는 호흡: 척추를 분절하며 말아 내려온다.

- 척추를 분절하며 말아 올라갈 때, 복부를 가라앉혀 올리기를 한다.
- 어깨를 내린다.
- 두 다리가 떨어지지 않도록 붙인다.
- 척추를 분절하며 말아 올라갈 때, 팔과 다리를 앞으로 길게 뻗고, 배꼽을 반대방향으로 당긴다.

M3 싱글 레그 서클 Single Leg Circles

- 힙의 유연성(마사지효과)
- 골반과 다리의 가동성
- 몸통의 안정성
- 골반의 안정성

각 방향으로 5회

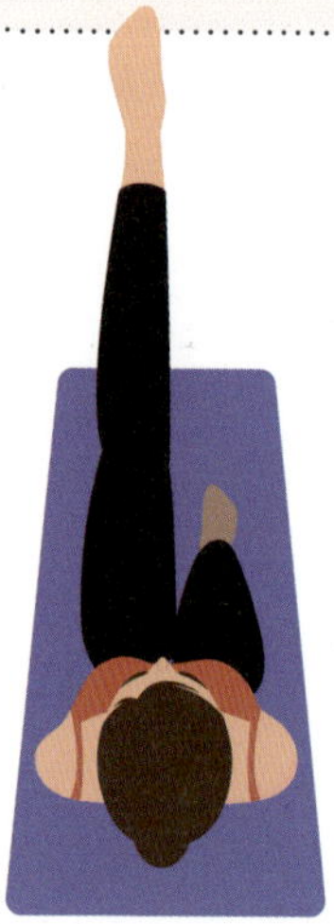

Ready

❶ 바르게 누운 자세를 하고 두 팔을 몸통 옆에 길게 뻗는다.

❷ 한 다리는 천장방향으로 뻗으며, 반대쪽 다리는 발을 세워 매트를 누른다.

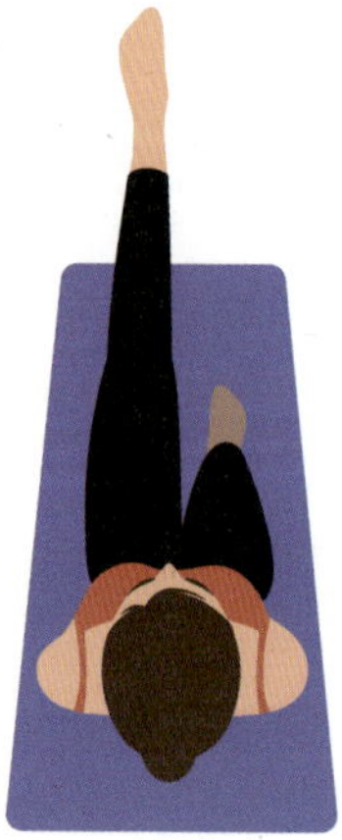

Start

❶ 내쉬는 호흡: 다리를 몸 방향으로 살짝 당겨 가로지른다.

❷ 마시는 호흡: 아래로 원을 그리며 중심으로 되돌아온다.

반대 방향으로 원을 그린다.

반대 다리로 바꾼다.

- 복부를 가라앉혀 들고 있는 다리를 몸통 방향을 당긴다.
- 들고 있는 다리가 골반 안에서 움직이도록 매트방향으로 당긴다.
- 몸통이 흔들리지 않도록 유지하며 두 팔로 매트를 누른다. 이때 어깨에서 손끝까지 팔을 길게 뻗는다.
- 들고 있는 다리의 허벅지 앞부분에 힘이 많이 들어가면, 무릎을 느슨하게 한다.

M4 롤링 라이커 볼 Rolling Like a Ball

- 척추 마사지
- 밸런스 향상
- 리듬감 향상

5-10회

Ready

❶ 앉은 자세에서 두 손으로 정강이를 각각 잡고, 두 발을 매트에서 들어 균형점을 찾는다.

❷ 뒷꿈치는 붙이고, 무릎은 어깨 넓이만큼 벌려서, 몸을 C커브로 만든다.

Start

❶ 마시는 호흡: 뒤로 구른다.

❷ 내시는 호흡: 되돌아온다.

- 복부를 사용하여 C커브를 유지하고, 시선은 배를 바라본다.
- 턱과 가슴 사이 공간을 유지한다.
- 머리가 매트에 닿지 않도록 어깨까지 구른다.
- 어깨를 내리고 팔꿈치를 넓게 유지한다.

M5 싱글 레그 스트레치 Single Leg Stretch

- 복부 강화
- 몸통의 안정성
- 흉식 호흡을 통한 팔과 다리의 협응력 강화

8~10회

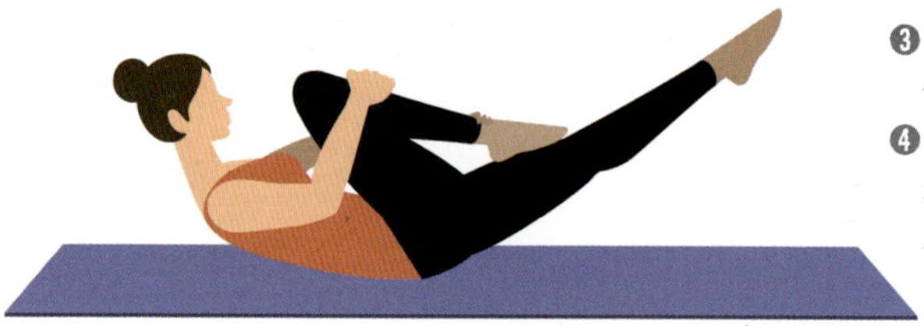

Ready

1. 바르게 누운 자세를 한다.
2. 두 무릎을 구부려서 가슴방향으로 당긴다.
3. 두 손은 정강이를 잡고 상체 올리기를 한다.
4. 두 팔로 오른쪽 다리를 가슴방향으로 당기고 반대 다리는 45° 방향으로 길게 뻗는다.

Start

1. 내쉬는 호흡: 오른쪽 다리를 가슴방향으로 한번 더 당긴다.
2. 마시는 호흡: 다리를 바꾼다.
3. 내쉬는 호흡: 왼쪽 다리를 가슴방향으로 당긴다.
4. 마시는 호흡: 다리를 바꾼다.

- 상체 올리기를 할 때, 복부를 가라앉혀 올리기를 하여 목에 힘이 들어가지 않도록 한다.
- 어깨를 내리며 팔꿈치를 옆으로 벌려준다.
- 동작을 할 때, 상체가 떨어지지 않도록 한다.
- 마시는 호흡 때 등을 부풀리고, 내쉬는 호흡 때 등과 배를 함께 가라앉힌다.
- 다리를 바꿀 때 몸통의 안정성을 유지한다.

M6 더블 레그 스트레치 Double Leg Stretch

- 복부 강화
- 몸통의 안정성
- 흉식 호흡을 통한 팔과 다리의 협응력 강화

8~10회

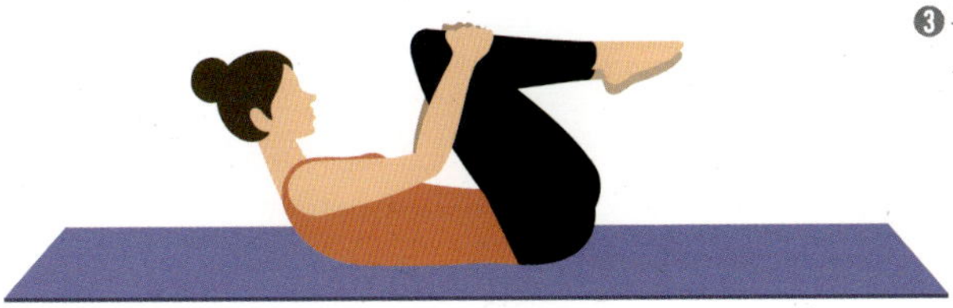

Ready

❶ 바르게 누운 자세를 한다.
❷ 두 무릎을 구부려서 가슴방향으로 당긴다.
❸ 두 손은 정강이를 잡고 상체 올리기를 한다.

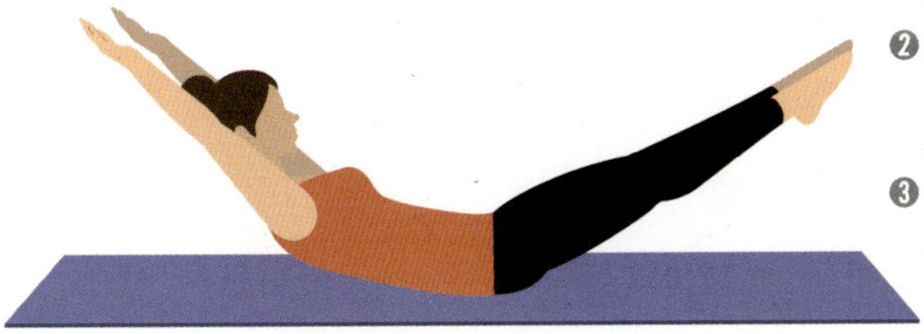

Start

❶ 내쉬는 호흡: 두 다리를 가슴방향으로 한번 더 당긴다.
❷ 마시는 호흡: 두 팔은 귀 옆으로 길게 뻗고, 두 다리를 붙여서 45° 방향으로 길게 뻗는다.
❸ 내쉬는 호흡: 두 다리를 가슴방향으로 당긴다.

- 상체 올리기를 할 때, 복부를 가라앉혀 올리기를 하여 목에 힘이 들어가지 않도록 한다.
- 어깨를 내리며 팔꿈치를 옆으로 벌려준다.
- 동작을 할 때, 상체가 떨어지지 않도록 한다.
- 마시는 호흡 때 등을 부풀리고, 내쉬는 호흡 때 등과 배를 함께 가라앉힌다.

M7 싱글 스트레이트 레그 스트레치 Single Straight Leg Stretch

- 복부 강화
- 몸통의 안정성
- 햄스트링 유연성
- 흉식 호흡을 통한 팔과 다리의 협응력 강화

8~10회

Ready

❶ 바르게 누운 자세를 한다.
❷ 두 무릎을 구부려서 가슴방향으로 접는다.
❸ 두 다리를 천장방향으로 뻗으며, 두 팔로 오른쪽 정강이를 잡아서 가슴방향으로 당긴다.

Start

❶ 마시는 호흡: 오른쪽 다리를 가슴방향으로 두 번 당긴다.
❷ 내쉬는 호흡: 다리를 바꾼다.
❸ 마시는 호흡: 왼쪽 다리를 가슴방향으로 두 번 당긴다.
❹ 내쉬는 호흡: 다리를 바꾼다.

- 상체 올리기를 할 때, 복부를 가라앉혀 올리기를 하여 목에 힘이 들어가지 않도록 한다.
- 다리를 내릴 때, 허리가 매트에서 뜨지 않도록 복부 가라앉히기를 한다.
- 다리를 최대한 길게 뻗는다.
- 동작을 할 때, 상체가 떨어지지 않도록 한다.

M8 더블 스트레이트 레그 스트레치 Double Straight Leg Stretch

- 복부 강화
- 몸통의 안정성
- 햄스트링 유연성
- 흉식 호흡을 통한 팔과 다리의 협응력 강화

8~10회

Ready

❶ 바르게 누운 자세를 한다.
❷ 두 무릎을 구부려서 가슴방향으로 접는다.
❸ 두 손은 포개서 머리 뒤에 두고 상체 올리기를 하며, 두 다리를 모아서 천장방향으로 뻗는다.

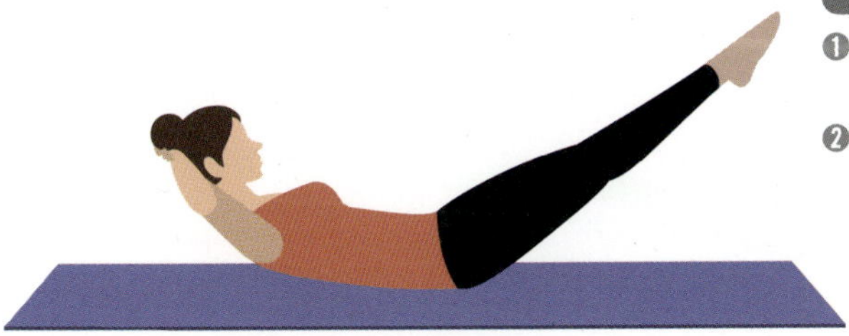

Start

❶ 내쉬는 호흡: 두 다리를 45° 방향으로 내린다.
❷ 마시는 호흡: 처음 위치로 되돌아온다.

- 상체 올리기를 할 때, 복부를 가라앉혀 올리기를 하여 목에 힘이 들어가지 않도록 한다.
- 다리를 내릴 때, 허리가 매트에서 뜨지 않도록 복부 가라앉히기를 한다.
- 다리를 최대한 길게 뻗는다.
- 동작을 할 때, 상체가 떨어지지 않도록 한다.

M9 크리스 크로스 Criss-Cross

⊕
- 복부근육 강화
- 복사근의 강화
- 몸통의 안정성
- 팔과 다리의 협응력 강화

8~10회

Ready

❶ 바르게 누운 자세를 한다.
❷ 두 무릎을 구부려서 가슴방향으로 접는다.
❸ 두 손으로 머리를 받치고, 상체 올리기를 한다.

Start

❶ 내쉬는 호흡: 오른쪽 다리를 가슴방향으로 당기며, 상체를 오른쪽 방향으로 돌린다(회전).
❷ 마시는 호흡: 다리를 바꾼다.
❸ 내쉬는 호흡: 왼쪽 다리를 가슴방향으로 당기며, 상체를 왼쪽 방향으로 돌린다.
❹ 마시는 호흡: 다리를 바꾼다.

(!)
- 상체 올리기를 할 때, 복부를 가라앉혀 올리기를 하여 목에 힘이 들어가지 않도록 한다.
- 한쪽 방향으로 몸통을 돌릴 때, 반대 골반을 매트에 붙인다.
- 동작을 하는 동안에 허리 부분을 매트에 붙인다.
- 어깨를 내리며 팔꿈치를 옆으로 벌려준다.
- 동작을 할 때, 상체가 떨어지지 않도록 한다.
- 다리를 바꿀 때 몸통의 안정성을 유지한다.

M10 스파인 스트레치 포워드 Spine Stretch Forward

+	3~5회
• 척추 길어지기 알기 • 바르게 앉는 방법 알기 • 등의 상부와 중부 스트레칭 • 날개뼈의 움직임 알기 • 골반의 안정성 강화	

Ready

❶ 앉은 자세에서 두 다리는 매트너비만큼 벌리고, 두 발끝을 세운다.

❷ 두 팔은 어깨 높이와 너비만큼 벌리고, 손끝을 길게 뻗는다.

Start

❶ 마시는 호흡: 앉은 자세에서 척추를 길게 늘린다(길어지기).

❷ 내쉬는 호흡: 두 팔 사이로 머리부터 척추를 분절하여 내려가고, 손끝과 정수리는 앞으로 뻗는다.

!

- 앉은 자세는 정수리에서 꼬리뼈 끝까지 길게 세운다.
- 앉은 자세는 허리가 꺾이지 않도록 복부를 척추방향으로 넣는다.
- 손끝을 앞으로 뻗을 때, 뒤꿈치도 앞으로 뻗고 복부는 척추방향으로 넣는다.
- 손끝을 앞으로 뻗을 때, 어깨가 올라가지 않도록 내린다.
- 손끝을 앞으로 뻗을 때, 허리부분은 세우고 등 상부의 C커브를 유지한다.
- 되돌아 올 때, 척추를 하나하나씩 분절한다.

M11 쏘우 Saw

- 등 상부·중부 스트레칭
- 척추 회전 증가
- 골반 안정화

3-5회

Ready

❶ 앉은 자세에서 두 다리는 매트너비 만큼 벌리고, 두 발끝을 세운다.
❷ 두 팔은 어깨 높이만큼 옆으로 벌리고, 손끝을 길게 뻗는다.

Start

❶ 마시는 호흡: 앉은 자세에서 척추를 길게 늘린다(길어지기). 오른쪽으로 몸통을 돌려서(회전), 왼쪽 손등이 오른쪽 새끼발가락으로 향한다. 이때 오른팔은 사선 뒤로 뻗어 손바닥이 천장방향을 향하도록 한다.
❷ 내쉬는 호흡: 호흡을 짧게 3번 내쉬며 앞쪽 손등으로 발가락을 3번 스친다.
❸ 마시는 호흡: 중앙을 지나서 반대 방향으로 돌리며 동작을 반복한다.

- 몸통을 돌릴 때, 팔이 아니라 몸통 상부에서 리드한다.
- 한쪽 방향으로 몸을 돌릴 때, 반대쪽 엉덩이는 뜨지 않도록 매트에 붙인다.
- 한쪽 손끝을 앞으로 뻗을 때, 허리부분은 세우고 등 상부의 C커브를 유지한다.

M12 스완 Swan

- 등 근육 강화
- 머리, 목, 등의 연결성 익히기
- 날개뼈의 안정성 강화

3~5회

Ready

❶ 엎드려 누운 자세를 한다.
❷ 두 손은 가슴 옆에 둔다.
❸ 두 다리는 붙인다.

Start

❶ 내쉬는 호흡: 복부를 매트에서 떨어뜨린다.
❷ 마시는 호흡: 상체를 뒤로 젖힌다(신전).
❸ 내쉬는 호흡: 척추를 길게 늘리며(길어지기) 되돌아온다.

- 상체를 뒤로 젖힐 때, 허리가 꺾이지 않도록 복부를 척추방향으로 넣는다.
- 상체를 뒤로 젖힐 때, 골반과 다리 앞쪽은 길게 뻗어 매트를 눌러준다.
- 정수리에서부터 발끝까지 길게 한다.
- 어깨를 내려서 뒷목을 길게 한다.
- 두 다리는 최대한 모은다.

M13 싱글 레그 킥 Single Leg Kick

- 전거근·다리·둔부·등 신전근 강화
- 날개뼈 안정화

한 다리에 5-8회

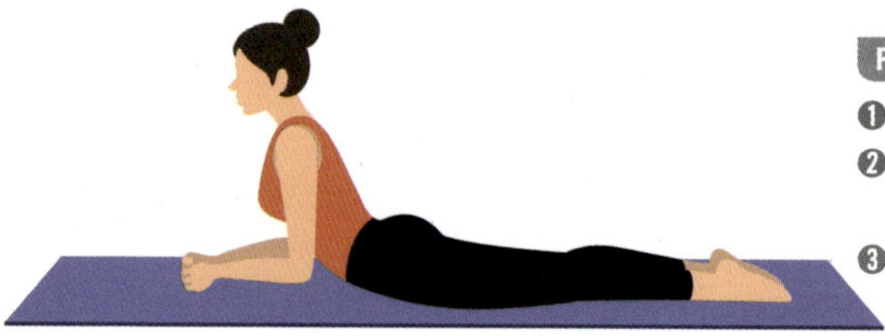

Ready

❶ 엎드려 누운 자세를 한다.
❷ 팔은 팔꿈치를 구부리고 두 손은 모아서 상체를 받친다.
❸ 두 다리는 골반너비만큼 벌린다.

Start

❶ 내쉬는 호흡: 복부를 매트에서 떨어뜨린다.
❷ 마시는 호흡: 무릎을 구부려서 뒤꿈치를 엉덩이 방향으로 두 번 찬다.
❸ 내쉬는 호흡: 다리를 뻗으면서 매트에 내린다.

- 허리가 꺾이지 않도록 복부를 척추방향으로 넣는다.
- 두 팔로 매트를 누르고 팔꿈치를 몸쪽 방향으로 당긴다.
- 정수리에서부터 발끝까지 길게 한다.
- 어깨 아래 팔꿈치가 오도록 한다.
- 날개뼈를 등쪽으로 내린다.

M14 사이드 레그 시리즈 Side Leg Series

⊕
- 고관절 신전근 강화
- 몸통의 측면 강화

5-10회

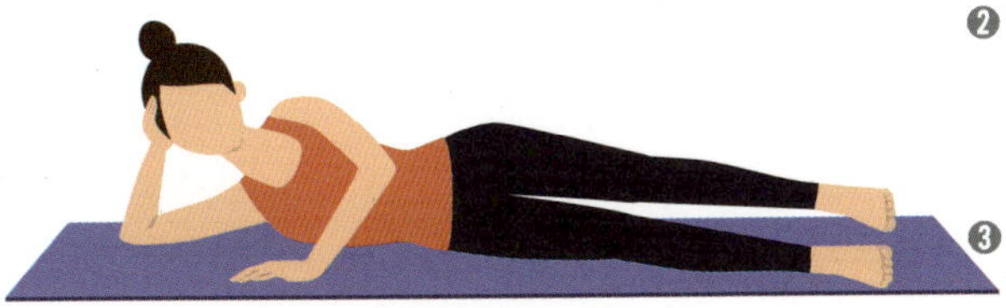

Ready

❶ 옆으로 누운 자세를 한다.
❷ 매트 끝자락에 머리-등-꼬리뼈를 같은 라인에 두고, 두 다리는 앞 45° 방향으로 길게 뻗는다. 이때 발목은 꺾는다.
❸ 아래 팔은 팔꿈치를 접어서 머리를 받치고, 위에 손은 가슴 앞에서 매트를 누른다.

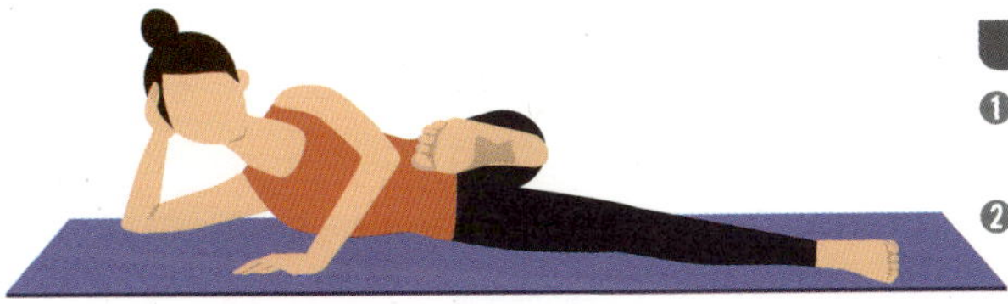

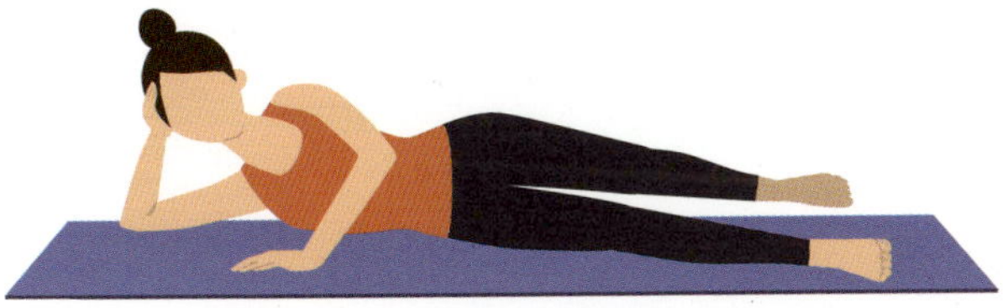

Start

❶ 내쉬는 호흡: 윗다리를 골반너비만큼 올린다.
❷ 마시는 호흡: 윗다리를 앞으로 두 번 찬다.
❸ 내쉬는 호흡: 윗다리를 뒤로 길게 뻗으며 발등을 민다.

ⓘ
- 옆으로 누운 자세는 어깨 아래 어깨, 골반 아래 골반을 유지한다.
- 측면 허리를 길게 유지한다.
- 다리를 엉덩이 높이로 유지한다.
- 다리를 앞뒤로 저을 때, 몸통이 흔들리지 않도록 안정성을 유지한다.
- 날개뼈를 등쪽으로 내린다.

M15 씰 Seal

- 중심부 조절, 골반 안정성
- 척추 분절과 유연성
- 몸의 균형 발달
- 견갑골 안정화

6회

Ready

❶ 앉은 자세에서 두 손은 모아 무릎 사이에 넣고 발목을 감싸준다.

❷ 발뒤꿈치를 붙이고, 몸을 C커브로 만들며 균형점(Balance Point)을 찾는다.

❸ 무릎은 어깨너비만큼 유지하며, 두 팔로 허벅지를 밀고, 허벅지는 두 팔을 저항한다.

Start

❶ 마시는 호흡: 뒤로 구르며 뒤에서 발 박수를 3번 친다.

❷ 내쉬는 호흡: 되돌아오며 앞에서 발 박수를 3번 친다.

- 복부를 사용하여 C커브를 유지하고, 시선은 배를 바라본다.
- 턱과 가슴 사이 공간을 유지한다.
- 머리가 매트에 닿지 않도록 어깨까지 구른다.
- 어깨를 내리고 팔꿈치를 넓게 유지한다.

M16 푸쉬 업 Push up

• 코어, 어깨, 골반 안정성 강화 • 가슴 근육, 어깨의 앞쪽, 이두근 강화	**3세트**

Ready

❶ 매트 끝에 두 다리를 붙여 서서 두 팔을 천장방향으로 뻗는다.

❷ 머리부터 척추를 말아서 손이 바닥에 닿으면 앞으로 네 번 걸어가 플랭크 자세를 만든다.

Start

❶ 마시는 호흡: 팔꿈치를 구부려 몸통 옆에 붙인다.

❷ 내쉬는 호흡: 되돌아온다.

※ 팔꿈치를 굽히고 펴기를 3~5회 반복한다.

• 손목에 압력이 가해지지 않도록 복부를 사용한다.
• 꼬리뼈를 살짝 말아서 머리부터 뒤꿈치까지 일직선을 만든다.
• 어깨 아래 손목을 유지한다.

M17 롤오버 Roll Over

- 척추 분절
- 중심부 조절

3~4회

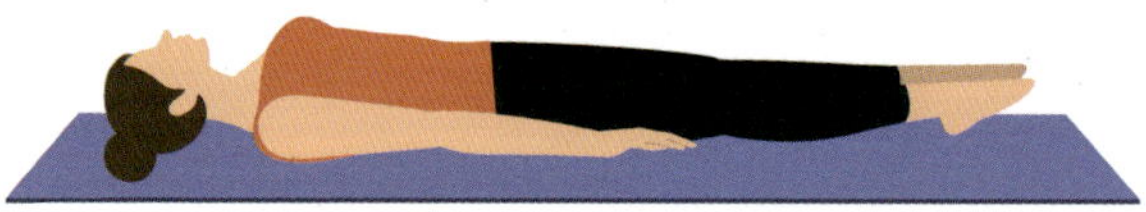

Ready

❶ 바르게 누운 자세를 하고 두 팔은 몸통 옆에 붙인다.

❷ 두 다리는 모아서 발끝을 길게 밀어낸다.

Start

❶ 내쉬는 호흡: 두 다리를 바닥과 수평높이만큼 머리 위로 넘긴다.

❷ 마시는 호흡: 두 다리를 골반너비만큼 벌린다.

❸ 내쉬는 호흡: 척추분절을 하며 내려온다.

❹ 마시는 호흡: 두 다리를 45° 방향에서 다시 모은다.

※ 반대 방향으로도 반복한다.

- 동작을 하는 동안에 복부를 사용한다.
- 두 팔과 어깨는 매트에서 떨어지지 않도록 고정한다.
- 목에 체중이 실리지 않도록 한다.
- 다리를 머리 위로 넘길 때, 복부를 사용하여 허리를 천장방향으로 세운다.

M18 오픈 레그 락커 Open Leg Rocker

- 코어 컨트롤 강화
- 밸런스 능력 강화
- 척추의 분절
- 허리와 햄스트링의 스트레칭

6~8회

Ready

❶ 매트 중앙에 앉아서 무릎을 세우고 두 손으로 두 다리의 발목을 각각 잡는다.

❷ 무게중심을 골반 뒤쪽으로 옮기며 두 다리를 사선방향으로 뻗는다.

Start

❶ 마시는 호흡: 척추 길어지기를 한다(Elongation).

❷ 내쉬는 호흡: C커브를 만들며 뒤로 구른다.

❸ 마시는 호흡: 되돌아온다.

- 척추의 커브를 유지하도록 노력한다.
- 두 다리는 어깨너비만큼 벌리고 어깨높이만큼 들어, 발목을 잡고 길게 유지한다.
- 동작을 하는 동안 팔과 다리는 구부리지 않는다.
- 뒤로 구를 때, 머리 뒤가 닿지 않도록 한다.
- 시선은 먼 사선을 바라보며, 뒤로 구를 때는 자연스럽게 복부를 바라본다.

M19 더블 레그 킥 Double Leg Kick

- 등 신전근 강화
- 뒤쪽 다리와 둔부 강화
- 대퇴근 스트레칭
- 가슴과 어깨 앞쪽 스트레칭

반복횟수 2세트

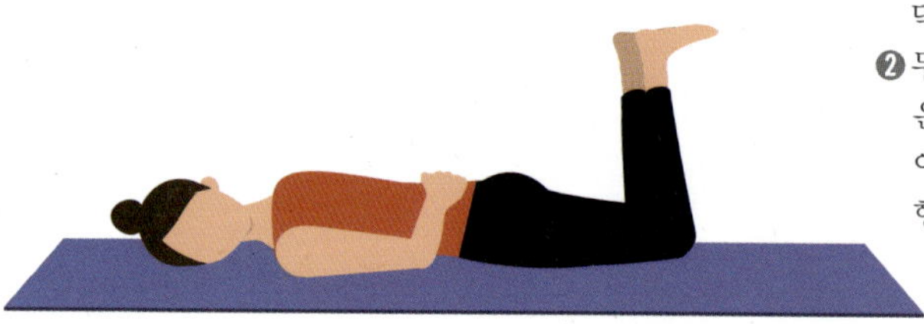

Ready

❶ 엎드려 누운 자세에서 한쪽 뺨을 바닥에 댄다.

❷ 두 손은 포개서 허리 뒤에 두고, 모은 두 손은 최대한 날개뼈에 가까이에 둔다. 팔꿈치는 최대한 매트방향으로 내리고, 두 다리는 붙인다.

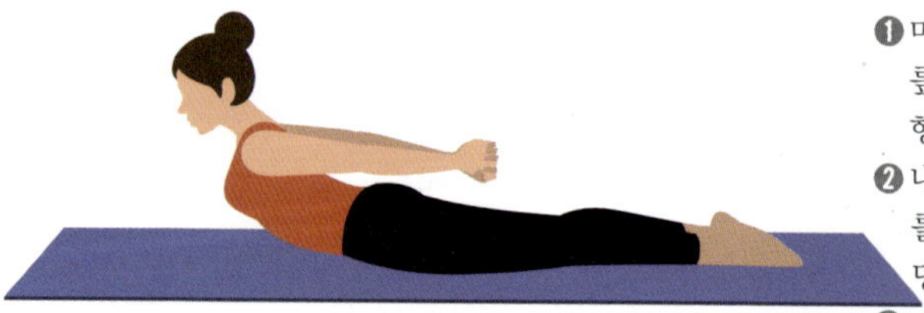

Start

❶ 마시는 호흡: 두 다리를 붙여서 무릎을 구부려 발뒤꿈치를 엉덩이 방향으로 세 번을 찬다.

❷ 내쉬는 호흡: 상체를 올리면서 다리를 매트 방향으로 내리고 두 팔을 엉덩이 너머로 최대한 길게 뻗는다.

❸ 마시는 호흡: 반대쪽 뺨으로 내려오고 두 손은 포개서 준비자세 위치에 두고 동작을 반복한다.

- 동작을 시작하기 전에 배꼽을 바닥에 붙어 있지 않도록 척추방향으로 당긴다.
- 상체를 올릴 때, 가슴은 앞으로 팔과 다리는 뒤쪽으로 뻗는다.
- 두 다리는 모은다.
- 목이 꺾이지 않도록 가슴을 열어준다.

M20 숄더 브릿지 Shoulder Bridge

⊕	4회
• 몸통과 다리 뒤쪽 근육 강화 • 코어 조절력 • 골반의 안정성	

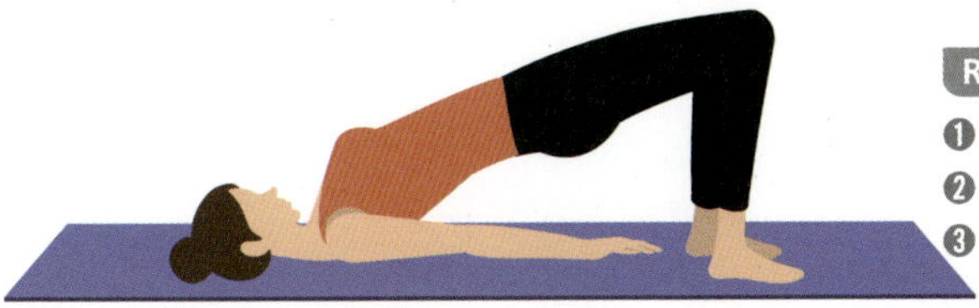

Ready

❶ 바르게 누운 자세를 한다.
❷ 두 무릎을 구부려서 세운다.
❸ 두 발은 골반너비만큼 벌린다.
❹ 두 팔은 몸통 옆에 둔다.
❺ 척추를 분절하여 꼬리뼈부터 상체를 올린다.

Start

❶ 내쉬는 호흡: 오른쪽 다리를 천장 방향으로 뻗어 올린다.
❷ 마시는 호흡: 들어 올린 다리를 몸 방향으로 두 번 찬다.
❸ 내쉬는 호흡: 지탱하는 다리 높이만큼 내리며, 발은 세운다.

(!)
• 어깨와 목을 유연하게 유지한다.
• 다리가 내려갈 때 골반은 떨어지지 않도록 올린다.
• 손과 다리가 벌어지지 않도록 한다.
• 다리가 움직일 때 와이퍼처럼 일정하게 위 아래로 움직인다.

M21 스파인 트위스트 Spine Twist

- 척추 회전 증가
- 코어의 강화

3~5회

Ready

❶ 앉은 자세에서 두 다리는 모으고, 두 발끝을 세운다.

❷ 두 팔은 어깨 높이만큼 옆으로 벌리고, 손끝을 길게 뻗는다.

Start

❶ 마시는 호흡: 제자리에서 척추를 길게 늘린다.

❷ 내쉬는 호흡: 오른쪽 방향으로 몸을 돌려 두 번 비튼다.

❸ 마시는 호흡: 척추를 길게 늘리며 되돌아온다.

- 엉덩이뼈 위에 골반을 세울 수 있도록 복부를 더 끌어올린다.
- 몸통을 비틀 때, 골반과 다리가 움직이지 않도록 안정성을 유지한다.
- 몸통을 비틀 때, 팔이 아닌 몸통으로 움직인다.

M22 티저 Teaser

- 복부 강화
- 힙 굴근 강화
- 팔과 다리의 협응력
- 몸통과 다리의 조절력

3회

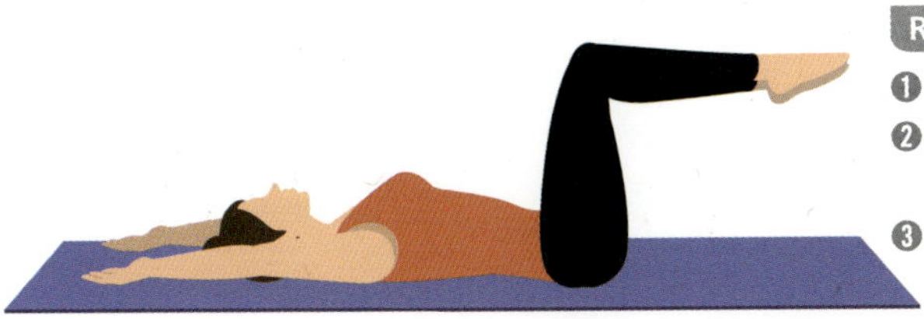

Ready

❶ 바르게 누운 자세를 한다.
❷ 두 다리는 모아서 무릎을 구부리고 가슴방향으로 접는다.
❸ 두 팔을 머리 위로 길게 뻗는다.

Start

❶ 내쉬는 호흡: 두 팔을 앞으로 뻗으면서 상체 올리기를 하며, 두 허벅지를 붙인 상태에서 다리를 사선방향으로 길게 뻗는다.
❷ 마시는 호흡: 균형점에서 척추를 세우고, 팔과 다리가 수평이 되도록 한다.
❸ 내쉬는 호흡: 척추를 분절하며 준비자세로 내려온다.

- Teaser 자세로 올라왔을 때, 허리의 곡선을 유지하면서 상체를 더 끌어올린다.
- 어깨를 내린다.
- 상체가 올라가고 내려올 때, 척추를 하나씩 분절한다.
- 시선은 상체가 올라갈 때, 복부에서 발끝으로 응시하도록 한다.
- 두 다리는 한 다리처럼 붙인다.

Physical Training for Flight Attendants

Band

밴드의 효능

Flex Band라고 불리는 밴드는 라텍스 재질의 탄성저항을 이용하는 소도구로 특히 재활운동에 뛰어난 효능을 나타내고 있다. 밴드의 컬러코드 시스템은 밴드의 컬러에 따라 탄성저항을 다르게 하며 단계적인 운동이 가능하다. 이러한 컬러코드 시스템은 각 회사마다 색상이 다르며 세분화되어 있는 단계 또한 다르다.

밴드를 이용한 운동은 근력과 기능적 움직임을 향상시키고, 관절질환의 통증과 증상을 감소시키는 등 세계적으로 그 효과가 각종 논문 및 문헌을 통해 증명되고 있다. 또한 부드러운 탄성저항을 이용하기 때문에 남녀노소 구분없이 누구나 사용할 수 있으며, 어느 곳이든 장소를 불문하고 일상생활에서 적용이 가능한 장점이 있는 소도구이다.

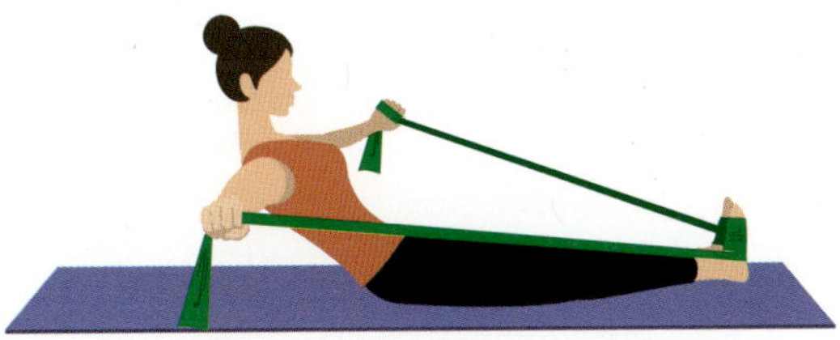

B1 헌드레드 Hundred

- 몸의 전반적인 워밍업
- 호흡을 통한 복부의 인지, 복부강화
- 몸의 순환(호흡, 심장, 혈액의 순환), 몸통과 허리의 안정성

10회

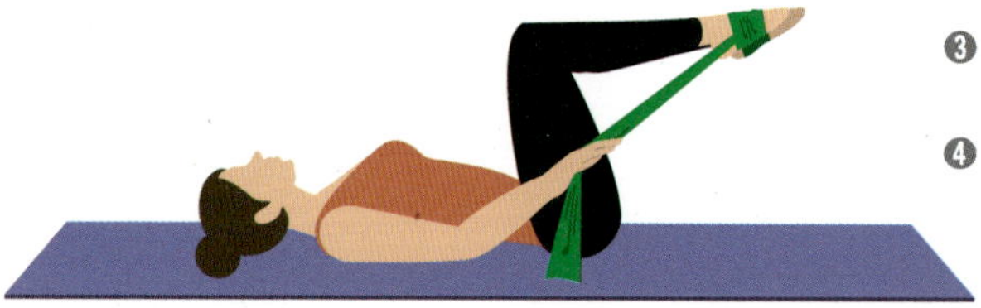

Ready

밴드걸기: 밖으로 나오게 감기

❶ 바르게 누운 자세를 한다.
❷ 두 무릎을 구부려서 가슴방향으로 접는다.
❸ 두 손으로 밴드 끝자락을 각각 잡고, 두 팔은 몸통 옆에 둔다.
❹ 상체 올리기를 하며, 두 팔을 골반 높이만큼 들고, 두 다리는 모아서 45°로 뻗는다.

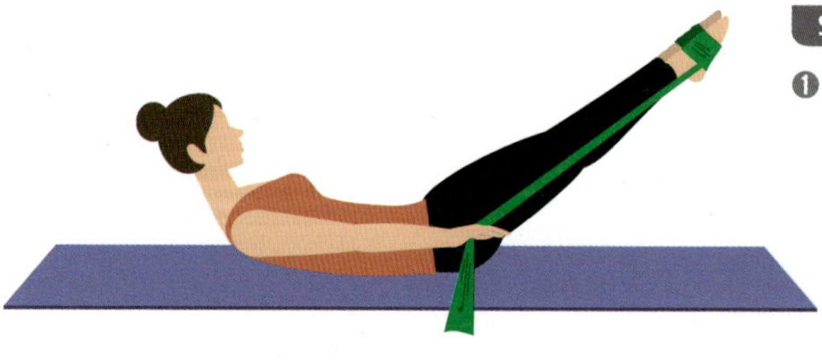

Start

❶ 팔을 위, 아래로 젓는다.
이때 마시는 호흡 5회, 내쉬는 호흡 5회를 반복한다.(100회 호흡)

- 상체 올리기를 할 때, 복부를 가라앉혀 올리기를 하여 목에 힘이 들어가지 않도록 한다.
- 어깨를 내린다.
- 몸통이 흔들리지 않도록 유지하며 두 팔을 움직인다. 이때 어깨에서 손끝까지 팔을 길게 뻗는다.

B2 롤업 Roll Up

- 척추 분절을 통한 이완
- 골반과 복부근육 강화
- 심부 목근육 강화

3~4회

Ready

밴드걸기: 밖으로 나오게 감기

❶ 바르게 누운 자세를 하고 두 팔은 몸통 옆으로 길게 뻗는다.

❷ 두 다리는 붙이고, 발은 세워준다.

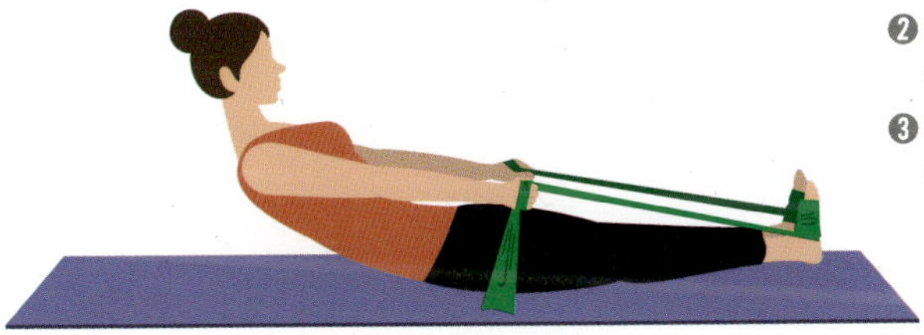

Start

❶ 마시는 호흡: 상체를 올려서 시선은 발끝을 바라본다.

❷ 내쉬는 호흡: 척추를 분절하며 말아 올라온다.

❸ 마시는 호흡: 척추를 C커브로 유지하며, 길게 뻗는다.

반복한다.

Start

❶ 마시는 호흡: 상체를 올려서 시선은 발끝을 바라본다.

❷ 내쉬는 호흡: 척추를 분절하며 말아 올라온다.

❸ 마시는 호흡: 척추를 C커브로 유지하며, 길게 뻗는다.

반복한다.

❹ 내쉬는 호흡: 척추를 분절하며 엉덩이 윗부분까지 내려온다.

❺ ① 팔꿈치 접기
마시는 호흡: 손바닥이 천장방향을 향하도록 팔을 뻗는다.
내쉬는 호흡: 팔꿈치를 접는다.
4회 반복한다.

❺ ② 팔 뒤로 밀기
마시는 호흡: 손바닥이 매트방향을 향하도록 팔을 뻗는다.
내쉬는 호흡: 팔을 뒤로 당겼다 모으기를 4번 반복한다.

❺ ③ 팔 사선으로 밀기
마시는 호흡: 손바닥이 매트방향을 향하도록 팔을 뻗는다.
내쉬는 호흡: 고개를 돌리며 한쪽 팔은 아래사선으로 내리고, 반대 팔은 사선 위로 올린다.
4회 반복한다.

(!)
- 척추를 분절하며 말아 올라갈 때, 복부를 가라앉혀 올리기를 한다.
- 어깨를 내린다.
- 두 다리가 떨어지지 않도록 붙인다.
- 척추를 분절하며 말아 올라갈 때, 팔과 다리를 앞으로 길게 뻗고, 배꼽을 반대방향으로 당긴다.

B3 싱글 레그 서클 Single Leg Circles

- 힙의 유연성(마사지효과)
- 골반과 다리의 가동성
- 몸통의 안정성
- 골반의 안정성

각 방향으로 5회

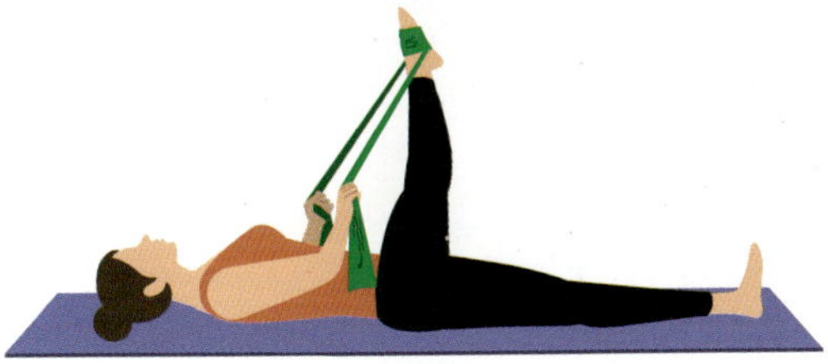

Ready

밴드걸기: 한쪽 발만 감기

❶ 바르게 누운 자세를 한다.

❷ 밴드를 감은 다리는 천장방향으로 뻗으며, 반대쪽 다리는 발을 세워 매트를 누른다.

❸ 두 손으로 밴드 끝자락을 각각 잡고, 두 팔은 몸통 옆에 붙이며 팔꿈치를 구부려 매트를 누른다.

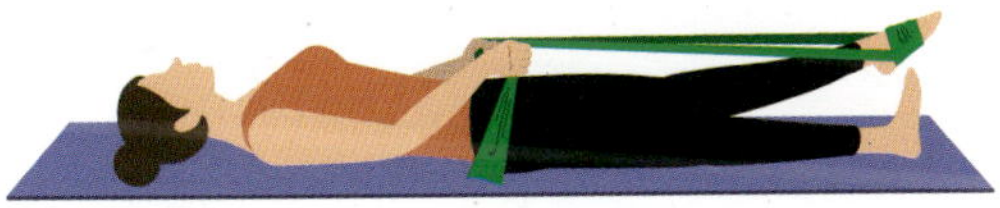

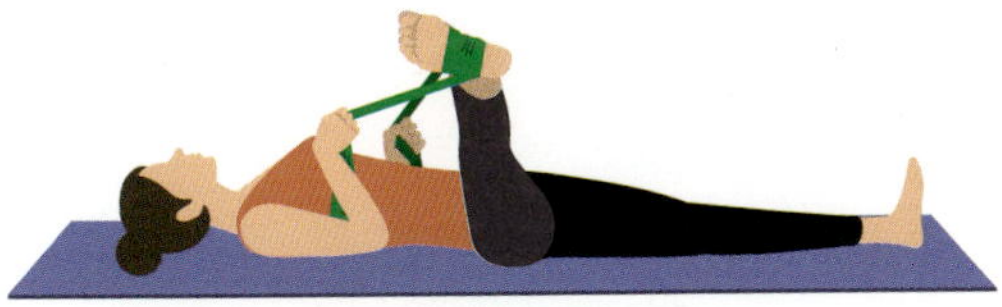

Start

❶ 내쉬는 호흡: 다리를 몸 방향으로 살짝 당겨 가로지른다.

❷ 마시는 호흡: 아래로 원을 그리며 중심으로 되돌아온다.
반대방향으로 원을 그린다.
반대 다리로 바꾼다.

- 복부를 가라앉혀 들고 있는 다리를 몸통방향을 당긴다.
- 들고 있는 다리가 골반 안에서 움직이도록 매트방향으로 당긴다.
- 몸통이 흔들리지 않도록 유지하며 두 팔로 매트를 누른다.

B4 롤링 라이커 볼 Rolling Like a Ball

- 척추 마사지
- 밸런스 향상
- 리듬감 향상

5~10회

Ready

밴드걸기: 안으로 나오게 감기

❶ 앉은 자세에서 두 손으로 밴드를 각각 잡고, 두 발을 매트에서 들어 균형점을 찾는다.

❷ 뒤꿈치는 붙이고, 무릎은 어깨너비만큼 벌려서, 몸을 C커브로 만든다.

Start

❶ 마시는 호흡: 뒤로 구른다.

❷ 내시는 호흡: 되돌아온다.
반복한다.

- 복부를 사용하여 C커브를 유지하고, 시선은 배를 바라본다.
- 턱과 가슴 사이 공간을 유지한다.
- 머리가 매트에 닿지 않도록 어깨까지 구른다.
- 어깨를 내리고 팔꿈치를 넓게 유지한다.

B5 싱글 레그 스트레치 Single Leg Stretch

- 복부 강화
- 몸통의 안정성
- 흉식 호흡을 통한 팔과 다리의 협응력 강화

8~10회

Ready

밴드걸기: 안으로 나오게 감기

❶ 바르게 누운 자세를 한다.
❷ 두 무릎을 구부려서 가슴방향으로 접는다.
❸ 두 손으로 밴드를 각각 잡고 상체 올라오기를 한다. 오른쪽 다리를 가슴방향으로 당기고 반대 다리는 45° 방향으로 길게 뻗는다.

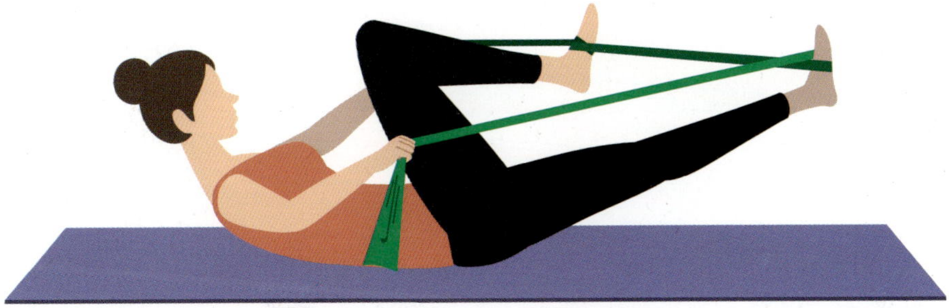

Start

❶ 내쉬는 호흡: 오른쪽 다리를 가슴방향으로 한번 더 당긴다.
❷ 마시는 호흡: 다리를 바꾼다.
❸ 내쉬는 호흡: 왼쪽 다리를 가슴방향으로 당긴다.
❹ 마시는 호흡: 다리를 바꾼다.
반복한다.

- 상체 올리기를 할 때, 복부를 가라앉혀 올리기를 하여 목에 힘이 들어가지 않도록 한다.
- 어깨를 내린다.
- 동작을 할 때, 상체가 떨어지지 않도록 한다.
- 마시는 호흡 때 등을 부풀리고, 내쉬는 호흡 때 등과 배를 함께 가라앉힌다.
- 다리를 바꿀 때 몸통의 안정성을 유지한다.

B6 더블 레그 스트레치 Double Leg Stretch

- 복부 강화
- 몸통의 안정성
- 흉식 호흡을 통한 팔과 다리의 협응력 강화

8~10회

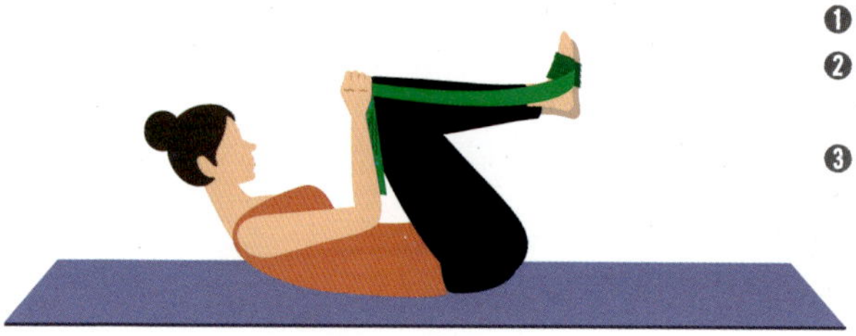

Ready

밴드걸기: 밖으로 나오게 감기

❶ 바르게 누운 자세를 한다.
❷ 두 무릎을 구부려서 가슴방향으로 당긴다.
❸ 두 손으로 밴드를 각각 잡고 무릎 위에 두며, 상체 올리기를 한다.

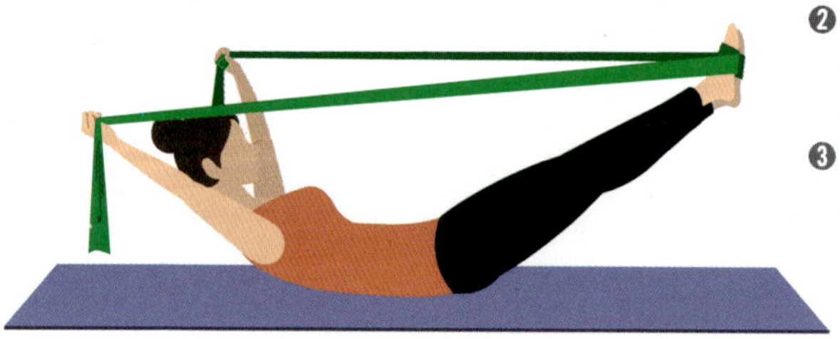

Start

❶ 내쉬는 호흡: 두 다리를 가슴방향으로 한번 더 당긴다.
❷ 마시는 호흡: 두 팔은 귀 옆으로 길게 뻗고, 두 다리를 붙여서 45° 방향으로 길게 뻗는다.
❸ 내쉬는 호흡: 두 다리를 가슴방향으로 당긴다.
반복한다.

- 상체 올리기를 할 때, 복부를 가라앉혀 올리기를 하여 목에 힘이 들어가지 않도록 한다.
- 어깨를 내린다.
- 동작을 할 때, 상체가 떨어지지 않도록 한다.
- 마시는 호흡 때 등을 부풀리고, 내쉬는 호흡 때 등과 배를 함께 가라앉힌다.

B7 더블 스트레이트 레그 스트레치 Double Straight Leg Stretch

- 복부 강화
- 몸통의 안정성
- 햄스트링 유연성
- 흉식 호흡을 통한 팔과 다리의 협응력 강화

8~10회

Ready

밴드걸기: 밖으로 나오게 감기

❶ 바르게 누운 자세를 한다.
❷ 두 무릎을 구부려서 가슴방향으로 접는다.
❸ 두 손으로 밴드를 각각 잡고 상체 올리기를 하며, 두 다리를 모아서 천장방향으로 뻗는다.

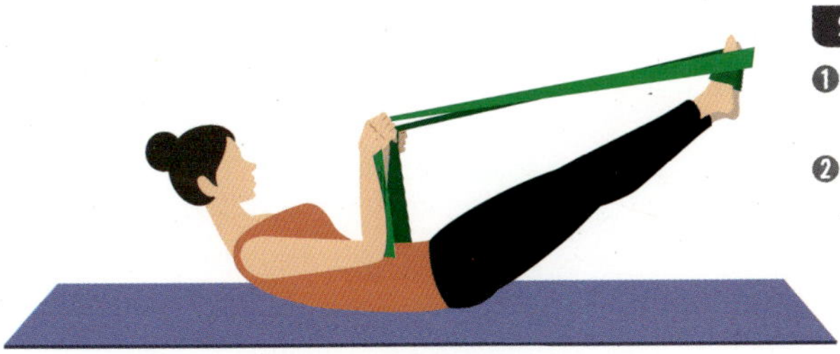

Start

❶ 내쉬는 호흡: 두 다리를 45° 방향으로 내린다.
❷ 마시는 호흡: 처음 위치로 되돌아 온다.

- 상체 올리기를 할 때, 복부를 가라앉혀 올리기를 하여 목에 힘이 들어가지 않도록 한다.
- 다리를 내릴 때, 허리가 매트에서 뜨지 않도록 복부 가라앉히기를 한다.
- 다리를 최대한 길게 뻗는다.
- 동작을 할 때, 상체가 떨어지지 않도록 한다.

B8 스파인 스트레치 포워드 Spine Stretch Forward

- 척추 길어지기 알기 • 바르게 앉는 방법 알기
- 등의 상부와 중부 스트레칭
- 날개뼈의 움직임 알기
- 골반의 안정성 강화

3~5회

Ready

밴드걸기: 몸통 중앙에 감기

❶ 앉은 자세에서 두 다리는 매트너비만큼 벌리고, 두 발끝을 세운다.

❷ 두 손으로 밴드를 각각 잡고 두 팔은 어깨 높이와 너비만큼 벌리고, 손끝을 길게 뻗는다.

Start

❶ 마시는 호흡: 앉은 자세에서 척추를 길게 늘린다(길어지기).

❷ 내쉬는 호흡: 두 팔 사이로 머리부터 척추를 분절하여 내려가고, 손끝과 정수리는 앞으로 뻗는다.

❸ 마시는 호흡: 척추 아래 부분부터 머리를 세워 척추를 길게 늘리며(길어지기) 되돌아온다.

- 앉은 자세는 정수리에서 꼬리뼈 끝까지 길게 세운다.
- 앉은 자세는 허리가 꺾이지 않도록 복부를 척추방향으로 넣는다.
- 손끝을 앞으로 뻗을 때, 뒤꿈치도 앞으로 뻗고 복부는 척추방향으로 넣는다.
- 손끝을 앞으로 뻗을 때, 어깨가 올라가지 않도록 내린다.
- 손끝을 앞으로 뻗을 때, 허리부분은 세우고 등 상부의 C커브를 유지한다.
- 되돌아 올 때, 척추를 하나하나씩 분절한다.

B9 스파인 스트레치 사이드 Spine Stretch Side

- 척추 길어지기 알기
- 바르게 앉는 방법 알기
- 몸통 측면 스트레칭
- 팔의 움직임 알기
- 골반의 안정성 강화

3~5회

Ready

밴드걸기: 두 손으로 밴드 잡기

❶ 앉은 자세에서 두 다리는 매트너비 만큼 벌리고, 두 발끝을 세운다.

❷ 두 손으로 밴드를 각각 잡고 두 팔은 어깨너비보다 넓게 벌려서 머리 위로 길게 뻗는다.

Start

❶ 내쉬는 호흡: 앉은 자세에서 척추를 길게 늘린다(길어지기).

❷ 마시는 호흡: 몸통을 오른쪽 방향으로 구부려서 오른쪽 손을 바닥에 댄다.

❸ 내쉬는 호흡: 왼팔은 천장방향으로 길게 편다.

❹ 마시는 호흡: 왼쪽 팔꿈치를 구부린다.

❺ 내쉬는 호흡: 왼팔을 천장방향으로 길게 편다.

※팔꿈치를 굽혔다 폈다를 4회 반복한다.

❻ 마시는 호흡: 준비자세로 되돌아온다.

- 앉은 자세는 정수리에서 꼬리뼈 끝까지 길게 세운다.
- 앉은 자세는 허리가 꺾이지 않도록 복부를 척추방향으로 넣는다.
- 몸통을 옆으로 구부릴 때, 아래 손으로 매트를 저항하여 아래 갈비뼈를 천장방향으로 민다.
- 몸통을 옆으로 구부릴 때, 반대쪽 엉덩이가 매트에서 떨어지지 않도록 한다.

B10 쏘우 Saw

- 등 상부·중부 스트레칭
- 척추 회전 증가
- 골반 안정화

3~5회

Ready

밴드걸기: 몸통 뒤로 교차해서 감기

❶ 앉은 자세에서 두 다리는 매트너비만큼 벌리고, 두 발끝을 세운다.

❷ 두 손으로 밴드를 각각 잡고 두 팔은 어깨높이만큼 옆으로 벌리고, 손끝을 길게 뻗는다.

Start

❶ 마시는 호흡: 앉은 자세에서 척추를 길게 늘린다(길어지기). 오른쪽으로 몸통을 돌려서(회전), 왼쪽 손등이 오른쪽 새끼발가락으로 향한다. 이때 오른팔은 사선 뒤로 뻗어 손바닥이 천장방향을 향하도록 한다.

❷ 내쉬는 호흡: 호흡을 짧게 3번 내쉬며 앞쪽 손등으로 발가락을 3번 스친다.

❸ 마시는 호흡: 중앙을 지나서 반대방향으로 돌리며 동작을 반복한다.

- 몸통을 돌릴 때, 팔이 아니라 몸통 상부에서 리드한다.
- 한쪽 방향으로 몸을 돌릴 때, 반대쪽 엉덩이는 뜨지 않도록 매트에 붙인다.
- 한쪽 손끝을 앞으로 뻗을 때, 허리부분은 세우고 등 상부의 C커브를 유지한다.

B11 오픈 레그 락커 Open Leg Rocker

- 코어 컨트롤 강화
- 밸런스 능력 강화
- 척추의 분절
- 허리와 햄스트링의 스트레칭

6~8회

Ready

밴드걸기: 밖으로 나오게 감기

❶ 매트 중앙에 앉아서 무릎을 세우고 두 손으로 밴드를 각각 짧게 잡는다.

❷ 무게중심을 골반 뒤쪽으로 옮기며 두 다리를 사선방향으로 뻗는다.

Start

❶ 마시는 호흡: 척추 길어지기를 한다(Elongation).

❷ 내쉬는 호흡: C커브를 만들며 뒤로 구른다.

❸ 마시는 호흡: 되돌아온다.

- 척추의 커브를 유지하도록 노력한다.
- 두 다리는 어깨너비만큼 벌리고 어깨높이만큼 들어, 발목을 잡고 길게 유지한다.
- 동작을 하는 동안 팔과 다리는 구부리지 않는다.
- 뒤로 구를 때, 머리 뒤가 닿지 않도록 한다.
- 시선은 먼 사선을 바라보며, 뒤로 구를 때는 자연스럽게 복부를 바라본다.

B12 스완 Swan

- 등 근육 강화
- 머리, 목, 등의 연결성 익히기
- 날개뼈의 안정성 강화

3~5회

Ready

밴드걸기: 몸통 중앙에 감기

❶ 엎드려 누운 자세를 한다.

❷ 두 손은 밴드를 각각 잡고 어깨 옆에 둔다.

❸ 두 다리는 붙인다.

Start

❶ 내쉬는 호흡: 복부를 매트에서 떨어뜨린다.

❷ 마시는 호흡: 상체를 뒤로 젖힌다(신전)

❸ 내쉬는 호흡: 척추를 길게 늘리며(길어지기) 되돌아온다.

- 상체를 뒤로 젖힐 때, 허리가 꺾이지 않도록 복부를 척추방향으로 넣는다.
- 상체를 뒤로 젖힐 때, 골반과 다리 앞쪽은 길게 뻗어 매트를 눌러준다.
- 정수리에서부터 발끝까지 길게 한다.
- 어깨를 내려서 뒷목을 길게 한다.
- 두 다리는 최대한 모은다.

B13 사이드 레그 시리즈 Side Leg Series

⊕	• 고관절 신전근 강화 • 몸통의 측면 강화	6~10회

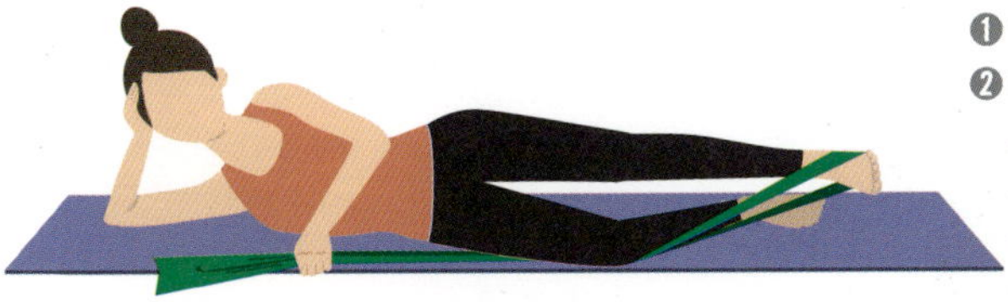

Ready

밴드걸기: 위쪽 발에 밴드 감기

❶ 옆으로 누운 자세를 한다.

❷ 매트 끝자락에 머리-등-꼬리뼈를 같은 라인에 두고, 아래 다리는 무릎을 구부려 밴드를 눌러주고 윗다리는 몸통과 일직선 라인으로 길게 뻗는다. 이때 위의 발목은 꺾는다.

❸ 아래 팔은 팔꿈치를 접어서 머리를 받치고, 위의 손은 밴드를 잡고 가슴 앞에서 매트를 누른다.

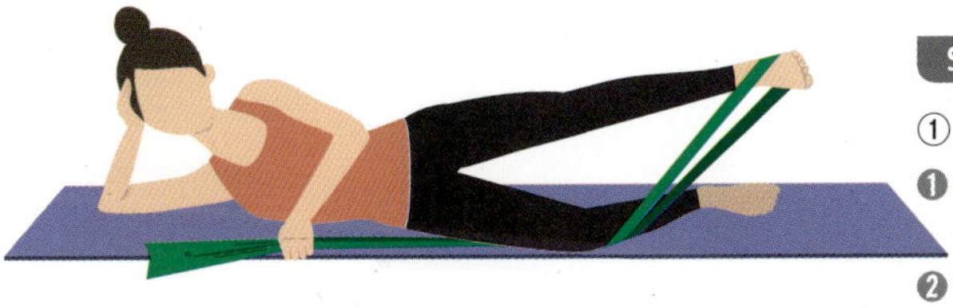

Start

① Up & Down

❶ 마시는 호흡: 윗다리를 골반너비만큼 올린다.

❷ 내쉬는 호흡: 다리를 길게 뻗어 아래로 내린다.

반복한다.

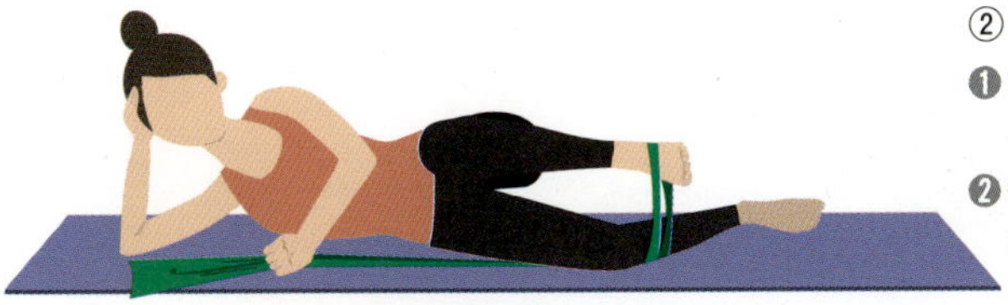

Start

② Knee Bend & Stretch

❶ 마시는 호흡: 윗다리를 골반너비만큼 올려서 무릎을 구부린다.

❷ 내쉬는 호흡: 다리를 길게 뻗는다.

반복한다.

(!)
- 옆으로 누운 자세는 어깨 아래 어깨, 골반 아래 골반을 유지한다.
- 측면 허리를 길게 유지한다.
- 다리를 엉덩이 높이로 유지한다.
- 다리를 움직일 때, 몸통이 흔들리지 않도록 안정성을 유지한다.
- 날개뼈를 등쪽으로 내린다.

B14 티저 Teaser

- 복부 강화
- 힙 굴근 강화
- 팔과 다리의 협응력
- 몸통과 다리의 조절력

3회

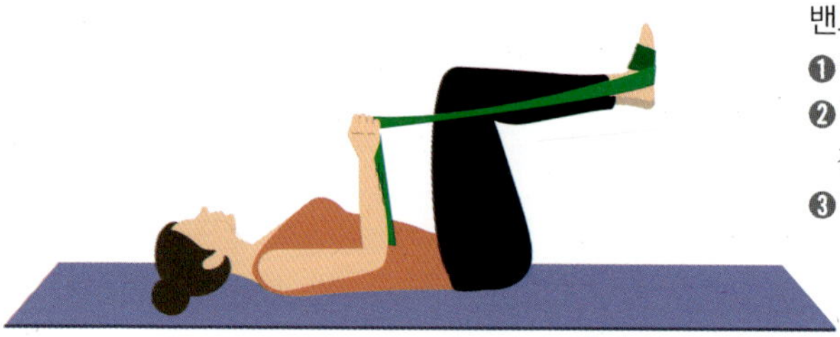

Ready

밴드걸기: 밖으로 나오게 감기

❶ 바르게 누운 자세를 한다.
❷ 두 무릎을 구부려서 가슴방향으로 접는다.
❸ 두 손으로 밴드를 각각 잡는다.

Start

❶ 내쉬는 호흡: 상체 올리기를 하며, 두 허벅지를 붙인 상태에 다리를 사선방향으로 길게 뻗는다.
❷ 마시는 호흡: 균형점에서 척추를 세운다.
❸ 내쉬는 호흡: 척추를 분절하며 준비자세로 내려온다.

- Teaser 자세로 올라왔을 때, 허리의 곡선을 유지하면서 상체를 더 끌어올린다.
- 어깨를 내린다.
- 상체가 올라가고 내려올 때, 척추를 하나씩 분절한다.
- 시선은 상체가 올라갈 때, 복부에서 발끝으로 응시하도록 한다.
- 두 다리는 한 다리처럼 붙인다.

B15 어포짓 암 앤 레그 Opposite Arm & Leg

- 몸통의 안정성 강화
- 몸통과 사지의 연결성 인지

팔만 반복 4-8회
다리만 반복 4-8회
팔과 다리 함께 반복 4-8회

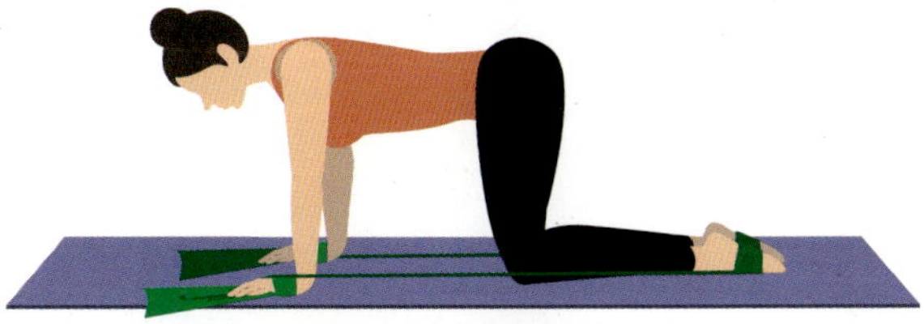

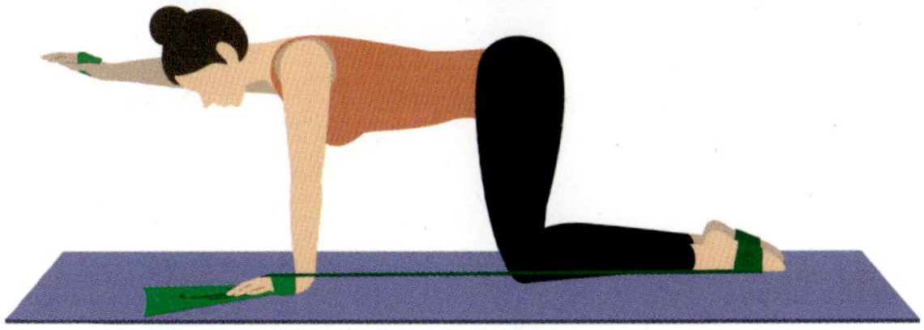

Ready

밴드걸기: 안으로 나오게 감기

❶ 기는 자세를 한다.
❷ 두 손으로 밴드를 각각 잡는다.

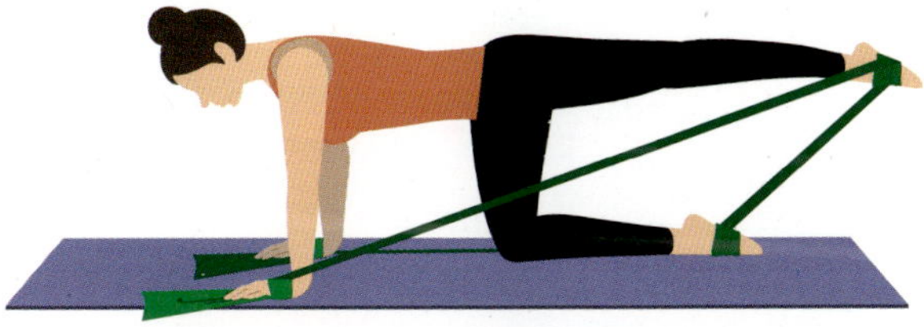

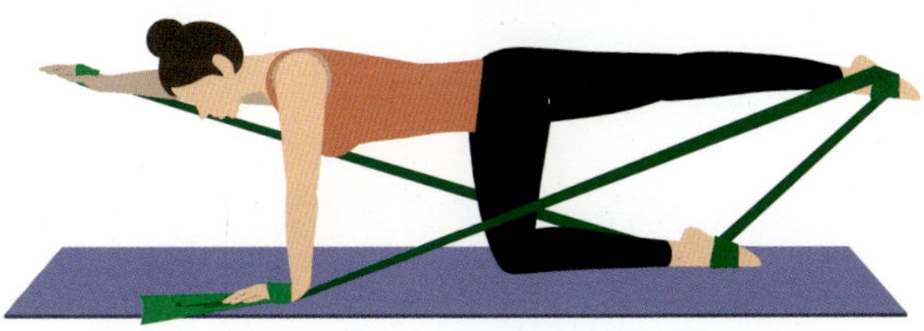

Start

밴드걸기: 밖으로 나오게 감기

❶ 내쉬는 호흡: 오른팔을 귀 옆으로 길게 뻗는다.
❷ 마시는 호흡: 제자리로 돌아온다.
❸ 내쉬는 호흡: 왼쪽 다리를 길게 뻗는다.
❹ 마시는 호흡: 제자리로 돌아온다.
❺ 내쉬는 호흡: 오른쪽 팔과 왼쪽 다리를 함께 뻗는다.
❻ 마시는 호흡: 제자리로 돌아온다. 반대쪽도 반복한다.

- 손목에 압력이 가해지지 않도록 복부를 사용한다.
- 꼬리뼈를 살짝 말아서 머리부터 꼬리뼈까지 일직선을 만든다.
- 어깨 아래 손목을 골반 아래 무릎을 유지한다.
- 반대 팔, 반대 다리를 들 때, 높게 올리지 말고 길게 뻗는다.
- 다리를 올릴 때, 골반이 움직이지 않도록 한다.

B16 쓰리웨이 팩 스트레치 3-ways Pec Stretch

- 가슴 스트레칭
- 어깨와 등 근육 활성화

각 방향 1회

Ready

밴드걸기: 두 손으로 밴드 잡기

❶ 서있는 자세에서 두 다리를 붙이고 발을 V자로 벌린다.

❷ 두 손으로 밴드를 잡고 몸통 뒤로 넘긴다.

❸ 팔을 사선으로 뻗고 팔꿈치와 손등을 서로 마주한다.

Start

❶ 마시는 호흡에 팔을 살짝 옆으로 벌리고 내쉬는 호흡에 날개뼈를 살짝 조여 준다.
5번 반복한다.

❷ 마시는 호흡: 팔을 편 상태로 겨드랑이와 일직선이 되도록 한다.

❸ 마시는 호흡에 팔을 살짝 옆으로 벌리고 내쉬는 호흡에 날개뼈를 살짝 조여 준다.
5번 반복한다.

- 서있을 때 허리가 꺾이지 않도록 복부를 척추방향으로 당긴다.
- 두 다리가 떨어지지 않도록 붙인다.
- 갈비뼈가 벌어지지 않도록 한다.
- 호흡을 최대한 마시고 내쉰다.

B17 하프문 Half Moon

- 몸통의 측면 강화

각 방향 2회씩

Ready

밴드걸기: 두 손으로 밴드 잡기

❶ 서있는 자세에서 두 다리를 붙이고 발을 V자로 벌린다.

❷ 두 손으로 밴드를 잡고 머리 위로 뻗는다.

Start

❶ 내쉬는 호흡: 척추를 길게 늘린다.

❷ 마시는 호흡: 몸통을 옆으로 구부린다.

❸ 내쉬는 호흡: 준비자세로 되돌아 온다.

반대방향도 반복한다.

- 서있을 때 허리가 꺾이지 않도록 복부를 척추방향으로 당긴다.
- 두 다리가 떨어지지 않도록 붙인다.
- 갈비뼈가 벌어지지 않도록 한다.
- 몸통을 옆으로 구부릴 때, 반대쪽 골반이 옆으로 빠지지 않도록 한다.
- 날개뼈를 등쪽으로 내린다.

B18 스텐딩 암 시리즈 Standing Arm Series

- 팔근육 강화
- 어깨와 날개뼈 안정성 근육 강화
- 자세근육 강화

각 동작 10회

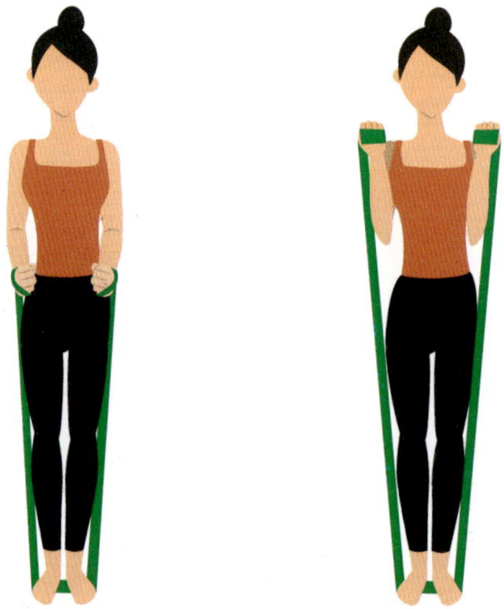

Ready

1. Biceps Curls(이두근 말기)

밴드걸기: 두 손으로 밴드 잡기

❶ 밴드 중앙에 서서 두 다리를 붙이고 발을 V자로 벌린다.

❷ 두 손으로 밴드를 잡고 팔꿈치를 굽혀서 골반 옆에 둔다.

Start

❶ 내쉬는 호흡: 팔꿈치를 굽힌다.

❷ 마시는 호흡: 준비자세로 돌아간다.

10회 반복한다.

Ready

2. Overhead Press (머리 위로 올리기)

밴드걸기: 두 손으로 밴드 잡기

❶ 밴드 중앙에 서서 두 다리를 붙이고 발을 V자로 벌린다.

❷ 두 손으로 밴드를 잡고 팔꿈치를 굽혀서 어깨 옆에 둔다.

Start

❶ 내쉬는 호흡: 팔을 머리 위로 뻗는다.

❷ 마시는 호흡: 준비자세로 돌아간다.

10회 반복한다.

Ready

3. Deltoid lift(삼각근 올리기)

밴드걸기: 두 손으로 밴드 잡기

❶ 밴드 중앙에 서서 두 다리를 붙이고 발을 V자로 벌린다.

❷ 두 손으로 밴드를 잡고 팔꿈치를 굽혀서 골반 옆에 둔다.

Start

❶ 내쉬는 호흡: 팔을 앞으로 뻗어 어깨높이만큼 어깨너비보다 조금 넓게 든다.

❷ 마시는 호흡: 준비자세로 돌아간다. 10회 반복한다.

Ready

2. External Shoulder Rotation (어깨 외회전)

밴드걸기: 두 손으로 밴드 잡기

❶ 두 다리를 붙이고 발을 V자로 벌린다.

❷ 두 손으로 밴드를 잡고 팔꿈치를 굽혀서 팔뚝을 몸통 옆에 붙인다. 손바닥은 천장방향을 향한다.

Start

❶ 내쉬는 호흡: 팔뚝을 최대한 몸통 옆에 붙이며 두 손을 바깥방향으로 돌린다.

❷ 마시는 호흡: 준비자세로 돌아간다. 10회 반복한다.

- 서있을 때 허리가 꺾이지 않도록 복부를 척추방향으로 당긴다.
- 두 다리가 떨어 지지 않도록 붙인다. • 갈비뼈가 벌어지지 않도록 한다.
- ① Biceps Curls (이두근 말기)를 할 때, 손목이 꺾이지 않도록 한다.
- ② Overhead Press(머리 위로 올리기)를 할 때, 날개뼈를 등쪽으로 내린다.
- ③ Deltoid lift(삼각근 올리기)를 할 때, 어깨를 올리지 않는다.
- ④ External Shoulder Rotation(어깨 외회전)을 할 때, 가슴은 열고 날개뼈는 모아준다.

Physical Training for Flight Attendants

Foam Roller

폼롤러의 효능

폼롤러는 에타폼이라는 스티로폼과 유사한 소재로 만들어지며 원통의 형태로 되어 있다. 길이와 크기, 생김새도 매우 다양하며, 사용자에게 맞는 폼롤러를 고르는 것이 매우 중요하다. 일반적으로 폼롤러의 지름은 15cm, 길이는 33~102cm이며, 경도에 따라 소프트, 미디엄, 하드로 나뉜다. 폼롤러를 선택할 때에는 폼롤러를 세로로 두고 누웠을 때 머리부터 꼬리뼈까지 닿는 것이 적당한 길이이며, 근막이완 시 통증을 유발하지 않는 제품을 고르는 것이 좋다. 때문에 처음 사용하는 사람에게는 미디엄 폼롤러가 무난하다.
폼롤러를 이용한 운동은 근막이완을 통한 마사지효과로, 원하는 부위에 폼롤러를 대고 천천히 굴리면서 다양한 이완동작을 하면 근육이 부드럽게 풀어지고, 혈액순환을 촉진해 붓기가 빠지는 효과가 있다. 또한 운동 후 노폐물 제거에 도움을 주어 빠른 회복을 도와준다. 폼롤러를 이용해 강화운동을 하게 되면 매트에서보다 코어(몸 중심에 위치해 신체균형을 잡는 근육)단련에 더욱 효과적이다.

(근막이란? 신체를 둘러싼 섬유성 결합조직으로 통합, 지지, 보호막을 유지하기 위해 신체의 모든 요소들을 둘러싸서 조직망의 역할을 한다.)

F1 목 이완 Neck Release

• 긴장된 목의 이완	8~10회

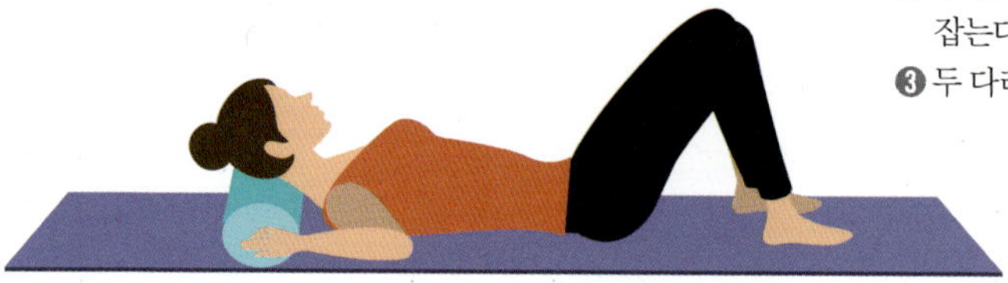

Ready

❶ 누워서 폼롤러를 목 아래에 놓는다.
❷ 두 손으로 폼롤러의 끝자락을 각각 잡는다.
❸ 두 다리는 무릎을 세운다.

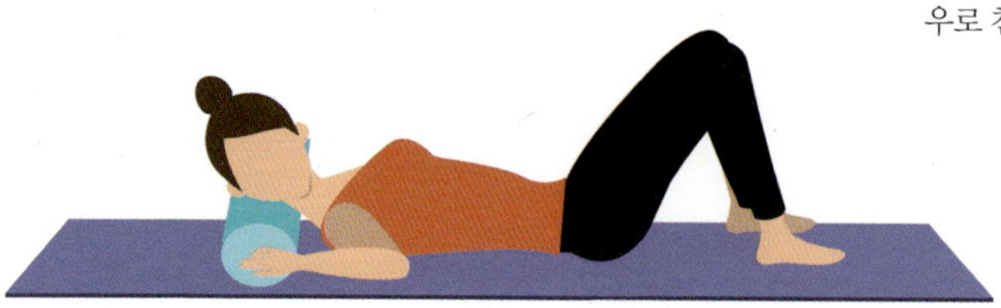

Start

❶ 자연스럽게 숨을 쉬면서 머리를 좌우로 천천히 굴린다.

• 머리를 좌우로 움직일 때, 많이 뭉쳐 있는 부분은 머리에 체중을 주어 깊게 문지른다.
• 뒷목에 뭉친 곳을 위 아래로 찾는다.

F2 등상부 이완 Upper Back Release

- 목과 등의 이완
- 척추기립근과 능형근, 승모근, 극상근 이완
- 등산부와 어깨의 가동범위 향상

여러 번 반복

Ready

❶ 폼롤러 가운데에 날개뼈 끝자락을 두고 기댄다.
❷ 두 손으로 머리 뒤를 받친다.
❸ 두 다리는 무릎을 세운다.

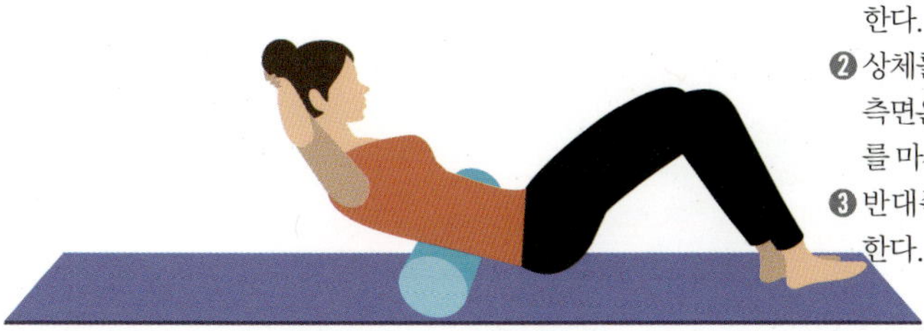

Start

내쉬는 호흡: 엉덩이를 올린다.

❶ 자연스럽게 숨을 쉬면서 무릎을 굽혔다 펴기를 반복한다. 폼롤러가 위 아래로 움직이며 등 전체를 마사지 한다.
❷ 상체를 오른쪽으로 돌려서 오른쪽 측면은 위 아래로 움직이며 옆구리를 마사지 한다.
❸ 반대쪽도 같은 방법으로 마자지 한다.

- 폼롤러를 위로 굴릴 때, 뒷목까지 가지 않고 승모근까지만 굴린다.
- 폼롤러를 위 아래로 굴릴 때, 상체 올리기(upper abdominal Curl)를 하여 목에 힘이 들어가지 않도록 한다.

F3 장경인대 이완 IT-band Release

- 허벅지 측면의 이완

여러 번 반복

Ready

❶ 폼롤러 가운데에 엉덩이의 측면을 대고, 앞쪽을 두 손을 바닥에 기댄다.

❷ 아래쪽 다리는 길게 펴고, 위의 다리는 무릎을 세운다.

Start

❶ 자연스럽게 숨을 쉬면서 윗 다리의 무릎을 굽혔다 펴기를 반복한다. 폼롤러가 다리의 위 아래를 움직이며 다리 측면 전체를 마사지 한다.

❷ 반대쪽도 같은 방법으로 마자지 한다.

- 폼롤러가 고관절과 무릎관절을 지나가지 않도록 한다.

F4 대퇴사두근 이완 Quads Release

• 대퇴사두근 이완

여러 번 반복

Ready

❶ 엎드려 누운 자세에서 두 손으로 바닥을 지지하고, 폼롤러 가운데에 허벅지를 두고 기댄다.
❷ 두 다리는 길게 편다.

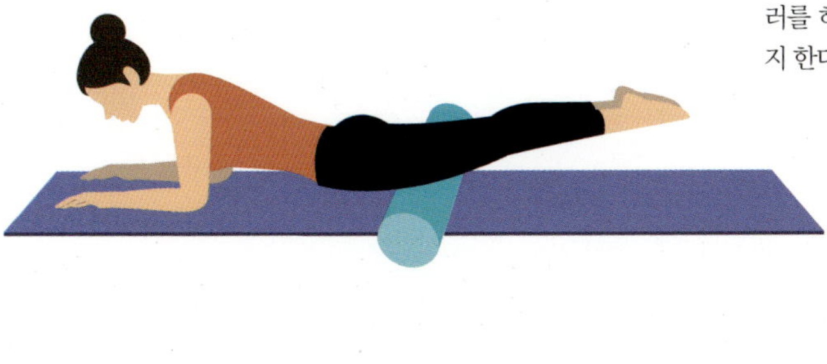

Start

❶ 자연스럽게 숨을 쉬면서 팔을 굽혀 팔꿈치를 매트에 내려놓으며, 폼롤러를 허벅지 위쪽으로 굴리며 마사지 한다.

• 폼롤러가 고관절과 무릎관절을 지나가지 않도록 한다.
• 팔을 펼 때, 귀와 어깨가 멀어지도록 매트를 누른다.

F5 헬리콥터 Helicopter

• 몸통의 안정성, 고관절 마사지	8회

Ready

❶ 누워서 브리지(Bridge) 자세를 하고 폼롤러를 골반의 평편한 곳에 둔다.
❷ 두 손으로 폼롤러의 끝자락을 각각 잡는다.
❸ 두 다리는 천장방향으로 뻗는다.

Start

자연스럽게 숨을 쉰다.

❶ 두 다리를 나눠서 오른쪽 다리는 몸통방향, 왼쪽 다리는 바닥방향으로 뻗는다.
❷ 두 다리를 회전하며 오른쪽 다리는 아래쪽 방향, 왼쪽 다리는 위쪽 방향으로 돌린다.
❸ 왼쪽 다리가 몸통방향, 오른쪽 다리가 바닥방향으로 보낸 후 반대방향으로 돌려준다.
❹ 두 다리를 천장방향으로 모아준다.

• 몸통이 흔들리지 않도록 복부를 사용한다.
• 바닥쪽 다리를 너무 많이 내려서 허리가 꺾이지 않도록 한다.
• 골반이 틀어지지 않도록 한다.
• 목에 힘이 들어가지 않도록 한다.

F6 치킨윙 Chicken Wing

• 가슴근육 스트레칭, 등근육 움직임 개선	**4회**

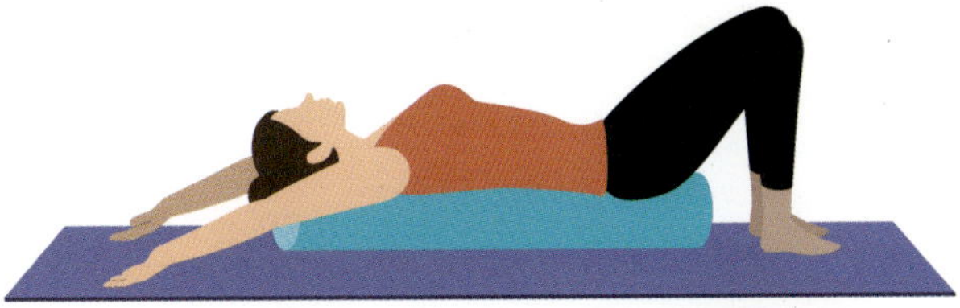

Ready

❶ 머리부터 꼬리뼈까지 폼롤러를 세로로 두고 눕는다.
❷ 두 다리는 무릎을 구부려 세우고 골반너비만큼 벌린다.
❸ 두 팔은 머리 위로 뻗어 바닥에 내리고 손등이 천장방향을 향하도록 한다.

Start

❶ 마시는 호흡: 팔을 길게 뻗는다.
❷ 내쉬는 호흡: 팔꿈치를 구부리면서 팔꿈치를 엉덩이 방향으로 내린다. 팔꿈치를 최대한 내린 후에 팔을 천천히 펴서 옆으로 내려놓는다.
❸ 마시는 호흡: 두 팔로 바닥을 쓸면서 원을 그리며 머리 위로 뻗는다.

• 머리 위로 손을 뻗을 때, 귀와 어깨가 멀어지도록 한다.
• 팔꿈치를 구부려 내려올 때, 어깨 부분이 불편하다면, 두 팔을 바닥까지 내리지 않고 편한 위치에서 동작을 한다.
• 호흡을 통해 스트레칭을 유도한다.

F7 타이니 스텝 Tiny Step

• 몸통의 안정성, 골반의 안정성, 코어의 인지

10회

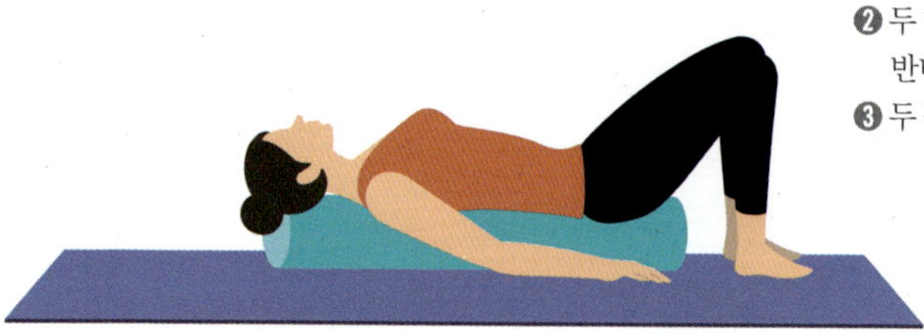

Ready

❶ 머리부터 꼬리뼈까지 폼롤러를 세로로 두고 눕는다.
❷ 두 다리는 무릎을 구부려 세우고 골반너비만큼 벌린다.
❸ 두 팔은 편하게 바닥을 누른다.

Start

❶ 내쉬는 호흡: 복부를 가라앉히고 오른쪽 다리를 가슴방향으로 올린다(선반자세).
❷ 마시는 호흡: 멈춰서 균형을 잡는다.
❸ 내쉬는 호흡: 복부를 가라앉히고 제자리로 돌아온다.
❹ 반대 다리도 반복한다.

• 팔과 다리를 길게 뻗을 때 폼롤러에서 허리가 뜨지 않도록 복부를 가라앉힌다.
• 목과 어깨에 힘이 들어가지 않도록 한다.

F8 데드 버그 Dead Bug

- 코어근육 강화, 몸통의 안정성

8회

Ready

❶ 머리부터 꼬리뼈까지 폼롤러를 세로로 두고 눕는다.
❷ 두 다리는 무릎을 구부려 세우고 골반너비만큼 벌린다.
❸ 두 팔은 편하게 바닥을 누른다.
❹ 오른쪽 다리를 가슴방향으로 올린다. 왼쪽 팔은 천장방향으로 뻗는다.

Start

❶ 내쉬는 호흡: 복부를 가라앉히고 오른쪽 다리를 45° 방향으로 길게 펴고 왼쪽 팔은 머리 위로 내린다.
❷ 마시는 호흡: 멈춰서 균형을 잡는다.
❸ 내쉬는 호흡: 복부를 가라앉히고 제자리로 돌아온다.

- 팔과 다리를 길게 뻗을 때 폼롤러에서 허리가 뜨지 않도록 복부를 가라앉힌다.
- 목과 어깨에 힘이 들어가지 않도록 한다.

F9 브리지 Bridge

- 허벅지 뒤쪽 근육과 엉덩이근육 강화
- 골반의 안정성

6회

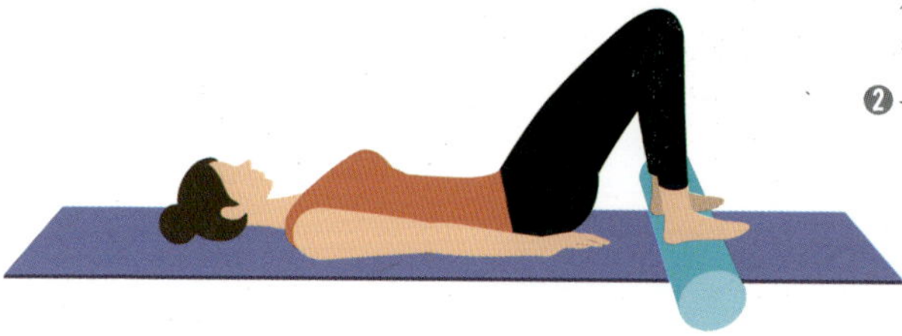

Ready

❶ 바르게 누운 자세에서 무릎을 굽혀 세우고 골반너비만큼 벌려서 폼롤러 위에 발을 올려놓는다.

❷ 두 팔은 몸통 옆에서 바닥을 누른다.

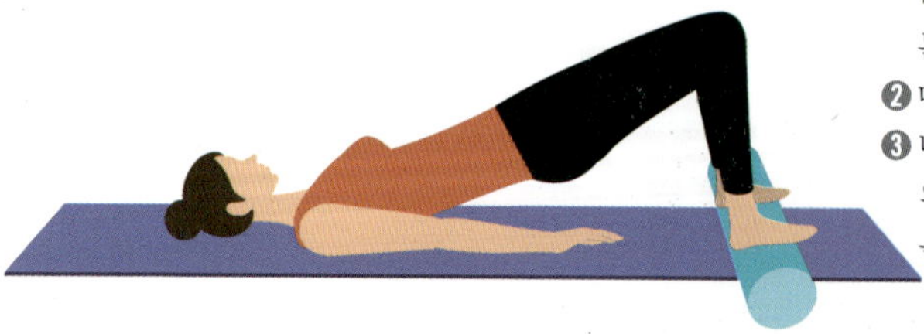

Start

❶ 내쉬는 호흡: 복부를 가라앉히고 꼬리뼈부터 말아서 브리지 자세를 만든다.

❷ 마시는 호흡: 멈춰서 균형을 잡는다.

❸ 내쉬는 호흡: 복부를 가라앉히며 위의 등부터 분절하며 제자리로 돌아온다.

- 폼롤러가 움직이지 않도록 한다.
- 무릎 아래 발목을 유지한다.
- 브리지 자세에서 허리가 꺾이지 않도록 높이 올라가지 않는다.
- 브리지 자세에서 목이 꺾이지 않도록 두 팔로 바닥을 밀어 저항한다.

F10 스완 Swan

- 등 근육 강화
- 머리, 목, 등의 연결성 익히기
- 어깨뼈의 안정성 강화

5회

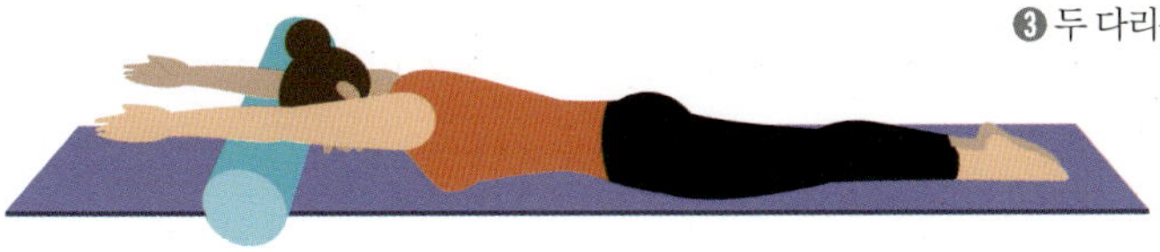

Ready

❶ 엎드려 누운 자세를 한다.
❷ 두 팔을 머리 위로 뻗어서 폼롤러 위에 팔꿈치를 두고 두 손바닥은 마주본다.
❸ 두 다리는 골반너비만큼 벌린다.

Start

❶ 내쉬는 호흡: 날개뼈를 등 방향으로 내리면서 폼롤러를 몸 방향으로 굴려질 때, 머리-목-등 상부를 신전한다.
❷ 마시는 호흡: 척추를 길게 뻗으며 내려간다.

- 상체를 뒤로 젖힐 때, 허리가 꺾이지 않도록 복부를 척추방향으로 넣는다.
- 상체를 뒤로 젖힐 때, 골반과 다리 앞쪽은 길게 뻗어 매트를 눌러준다.
- 정수리에서부터 발끝까지 길게 한다.
- 어깨를 내려서 뒷목을 길게 한다.

Appendix

When Where

Action Plan

목표달성을 위한 실천계획

목표별 계획

스트레스

년별 계획

목표달성을 위한 실천계획

지금까지의 점검을 통해 파악된 자신의 분석결과들을 종합하여 현재 자신이 부족하거나 보완해야 할 부분을 우선순위를 두어 해당란에 기입해 보라.
목표달성 시기를 설정하고 구체적인 실천계획, 시기별 진행정도를 피드백 한다.

목표	목표달성 시기	목표달성을 위한 구체적 실천계획	시기별 목표달성 진행정도 (목표에 미치지 못하였을 경우 그 원인과 조정된 계획을 기입)
❶			
❷			
❸			
❹			
❺			

목표별 계획

목표 Goal	

	Action Steps	장애요인	극복 방안	결과 확인
목표성취를 위한 실천계획 Action	❶			
	❷			
	❸			
	❹			
	❺			

	월	화	수	목	금	토	일
일별 실천 계획							

	1주차	2주차	3주차	4주차
주별 실천계획 ( )주				

	1월	2월	3월	4월	5월	6월	7월	8월	9월	10월	11월	12월
월별 실천계획 ( )개월												

목표별 계획

목표 Goal	

	Action Steps	장애요인	극복 방안	결과 확인
목표성취를 위한 실천계획 Action	❶			
	❷			
	❸			
	❹			
	❺			

	월	화	수	목	금	토	일
일별 실천 계획							

	1주차	2주차	3주차	4주차
주별 실천계획 ( )주				

	1월	2월	3월	4월	5월	6월	7월	8월	9월	10월	11월	12월
월별 실천계획 ( )개월												

목표별 계획

목표 Goal	

	Action Steps	장애요인	극복 방안	결과 확인
목표성취를 위한 실천계획 Action	❶			
	❷			
	❸			
	❹			
	❺			

	월	화	수	목	금	토	일
일별 실천 계획							

	1주차	2주차	3주차	4주차
주별 실천계획 ( )주				

	1월	2월	3월	4월	5월	6월	7월	8월	9월	10월	11월	12월
월별 실천계획 ( )개월												

목표별 계획

목표 Goal	

	Action Steps	장애요인	극복 방안	결과 확인
목표성취를 위한 실천계획 Action	❶			
	❷			
	❸			
	❹			
	❺			

	월	화	수	목	금	토	일
일별 실천 계획							

	1주차	2주차	3주차	4주차
주별 실천계획 ( )주				

	1월	2월	3월	4월	5월	6월	7월	8월	9월	10월	11월	12월
월별 실천계획 ( )개월												

목표별 계획

목표 Goal	

	Action Steps	장애요인	극복 방안	결과 확인
목표성취를 위한 실천계획 Action	❶			
	❷			
	❸			
	❹			
	❺			

	월	화	수	목	금	토	일
일별 실천 계획							

	1주차	2주차	3주차	4주차
주별 실천계획 ( )주				

	1월	2월	3월	4월	5월	6월	7월	8월	9월	10월	11월	12월
월별 실천계획 ( )개월												

스트레스 Stress Log

목표달성에 저해가 되는 스트레스 요인을 찾아 미리 없애면 좋겠지만 어쩔 수 없는 문제와 상황에 대해서는 이해하고 받아들이는 마음의 자세와 융통성을 갖고 대처해본다.

시기	스트레스	나의 반응	나만의 해소방법	운동 활용법
	체중관리		음식조절, 운동	
	피부트러블		충분한 수분섭취, 수면	
	신체, 자세에 대한 문제		평소 바른 자세 유지	
	긴장으로 인한 떨림		심호흡법 연습	

스트레스 Stress Log

목표달성에 저해가 되는 스트레스 요인을 찾아 미리 없애면 좋겠지만 어쩔 수 없는 문제와 상황에 대해서는 이해하고 받아들이는 마음의 자세와 융통성을 갖고 대처해본다.

시기	스트레스	나의 반응	나만의 해소방법	운동 활용법
	체중관리		음식조절, 운동	
	피부트러블		충분한 수분섭취, 수면	
	신체, 자세에 대한 문제		평소 바른 자세 유지	
	긴장으로 인한 떨림		심호흡법 연습	

년별 계획

월 / 년	1	2	3	4	5	6	7	8	9	10	11	12

년별 계획

월 / 년	1	2	3	4	5	6	7	8	9	10	11	12

개별 훈련 스케줄표

Monthly Training Plan

Daily/Weekly Training Plan

운동계획표/Monthly Training Plan

항목	목표 달성 시기	목표달성을 위한 주차별 구체적 실천계획				주차별 목표달성 진행정도 (목표에 미치지 못하였을 경우 그 원인과 조정된 계획을 기입)				결과 기록
		주차 1	2	3	4	주차 1	2	3	4	
매트										
밴드										
폼롤러										
기타										

운동계획표 / Monthly Training Plan

항목	목표 달성 시기	목표달성을 위한 주차별 구체적 실천계획				주차별 목표달성 진행정도 (목표에 미치지 못하였을 경우 그 원인과 조정된 계획을 기입)				결과 기록
		주차 1	2	3	4	주차 1	2	3	4	
매트										
밴드										
폼롤러										
기타										

운동계획표/Monthly Training Plan

항목	목표 달성 시기	목표달성을 위한 주차별 구체적 실천계획				주차별 목표달성 진행정도 (목표에 미치지 못하였을 경우 그 원인과 조정된 계획을 기입)				결과 기록
		주차 1	2	3	4	주차 1	2	3	4	
매트										
밴드										
폼롤러										
기타										

운동계획표/Monthly Training Plan

항목	목표 달성 시기	목표달성을 위한 주차별 구체적 실천계획				주차별 목표달성 진행정도 (목표에 미치지 못하였을 경우 그 원인과 조정된 계획을 기입)				결과 기록
		주차 1	2	3	4	주차 1	2	3	4	
매트										
밴드										
폼롤러										
기타										

운동계획표 Daily / Weekly Training Plan

M : 매트, B : 밴드, F : 폼롤러

시간	월		화		수		목		금		토		일	
요일	계획													
8:00-9:00	M1-4													
상시														

운동계획표 Daily / Weekly Training Plan

M : 매트, B : 밴드, F : 폼롤러

시간	월		화		수		목		금		토		일	
요일	계획													
8:00–9:00	M1–4													
상시														

운동계획표 Daily / Weekly Training Plan

M : 매트, B : 밴드, F : 폼롤러

시간	월		화		수		목		금		토		일	
요일	계획													
8:00-9:00	M1-4													
상시														

운동계획표 Daily / Weekly Training Plan

M : 매트, B : 밴드, F : 폼롤러

시간	월		화		수		목		금		토		일	
요일	계획													
8:00–9:00	M1-4													
상시														

운동계획표 Daily / Weekly Training Plan

M : 매트, B : 밴드, F : 폼롤러

시간	월		화		수		목		금		토		일	
요일	계획													
8:00~9:00	M1-4													
상시														

운동계획표 Daily / Weekly Training Plan

M : 매트, B : 밴드, F : 폼롤러

시간	월		화		수		목		금		토		일	
요일	계획													
8:00–9:00	M1–4													
상시														

운동계획표 Daily / Weekly Training Plan

M : 매트, B : 밴드, F : 폼롤러

시간	월		화		수		목		금		토		일	
요일	계획													
8:00–9:00	M1–4													
상시														

운동계획표 Daily / Weekly Training Plan

M : 매트, B : 밴드, F : 폼롤러

시간	월		화		수		목		금		토		일	
요일	계획													
8:00-9:00	M1-4													
상시														

운동계획표 Daily / Weekly Training Plan

M : 매트, B : 밴드, F : 폼롤러

시간	월		화		수		목		금		토		일	
요일	계획													
8:00–9:00	M1–4													
상시														

운동계획표 Daily / Weekly Training Plan

M : 매트, B : 밴드, F : 폼롤러

시간	월		화		수		목		금		토		일	
요일	계획													
8:00–9:00	M1-4													
상시														

Body Control Check

체중신장기록표

(　　)월

	일	월	화	수	목	금	토
체중							
BMI							
신장							
체중							
BMI							
신장							
체중							
BMI							
신장							
체중							
BMI							
신장							
체중							
BMI							
신장							

체중신장기록표

(　　)월

	일	월	화	수	목	금	토
체중							
BMI							
신장							
체중							
BMI							
신장							
체중							
BMI							
신장							
체중							
BMI							
신장							
체중							
BMI							
신장							

체중신장기록표

(　　)월

	일	월	화	수	목	금	토
체중							
BMI							
신장							
체중							
BMI							
신장							
체중							
BMI							
신장							
체중							
BMI							
신장							
체중							
BMI							
신장							

체중신장기록표

(   )월

	일	월	화	수	목	금	토
체중							
BMI							
신장							
체중							
BMI							
신장							
체중							
BMI							
신장							
체중							
BMI							
신장							
체중							
BMI							
신장							

Diet Recording Sheet (/)

		물 섭취량(ml)	음식
월	아침		
	간식		
	점심		
	간식		
	저녁		
화	아침		
	간식		
	점심		
	간식		
	저녁		
수	아침		
	간식		
	점심		
	간식		
	저녁		
목	아침		
	간식		
	점심		
	간식		
	저녁		
금	아침		
	간식		
	점심		
	간식		
	저녁		
토	아침		
	간식		
	점심		
	간식		
	저녁		
일	아침		
	간식		
	점심		
	간식		
	저녁		

Diet Recording Sheet

(/)

		물 섭취량(ml)	음식
월	아침		
	간식		
	점심		
	간식		
	저녁		
화	아침		
	간식		
	점심		
	간식		
	저녁		
수	아침		
	간식		
	점심		
	간식		
	저녁		
목	아침		
	간식		
	점심		
	간식		
	저녁		
금	아침		
	간식		
	점심		
	간식		
	저녁		
토	아침		
	간식		
	점심		
	간식		
	저녁		
일	아침		
	간식		
	점심		
	간식		
	저녁		

Diet Recording Sheet

(/)

		물 섭취량(ml)	음식
월	아침		
	간식		
	점심		
	간식		
	저녁		
화	아침		
	간식		
	점심		
	간식		
	저녁		
수	아침		
	간식		
	점심		
	간식		
	저녁		
목	아침		
	간식		
	점심		
	간식		
	저녁		
금	아침		
	간식		
	점심		
	간식		
	저녁		
토	아침		
	간식		
	점심		
	간식		
	저녁		
일	아침		
	간식		
	점심		
	간식		
	저녁		

Diet Recording Sheet

(/)

		물 섭취량(ml)	음식
월	아침		
	간식		
	점심		
	간식		
	저녁		
화	아침		
	간식		
	점심		
	간식		
	저녁		
수	아침		
	간식		
	점심		
	간식		
	저녁		
목	아침		
	간식		
	점심		
	간식		
	저녁		
금	아침		
	간식		
	점심		
	간식		
	저녁		
토	아침		
	간식		
	점심		
	간식		
	저녁		
일	아침		
	간식		
	점심		
	간식		
	저녁		

항공체육 동작 50총람

Physical Training for Flight Attendants

항공체육 50선

저자약력

차유진

한양대학교 체육학과 졸업
한양대학교 교육대학원 체육학과 졸업(교육학 석사)
가천대학교 일반대학원 체육학과 졸업(체육학 박사)
Balanced Body Pilates 전과정 취득
Power Pilates 전과정 취득
차병원 근골격통증센터 운동치료사
삼성레포츠 문화센터 필라테스 강사
현)수원과학대학교 항공관광과 강사

박혜정

이화여자대학교 정치외교학과 졸업
세종대학교 관광대학원 관광경영학과 졸업(경영학 석사)
세종대학교 대학원 호텔관광경영학과 졸업(호텔관광학 박사)
대한항공 객실승무원
대한항공 객실훈련원 전임강사
동주대학교 항공운항과 교수
현)수원과학대학교 항공관광과 교수

Physical Training
for Flight Attendants

항공체육 동작 50총람

저자와의
합의하에
인지첩부
생략

항공체육 50선

2018년 3월 20일 초판 1쇄 발행
2022년 9월 10일 초판 2쇄 발행

지은이 차유진·박혜정
펴낸이 진욱상
펴낸곳 (주)백산출판사
교 정 편집부
본문디자인 오정은
표지디자인 오정은

등 록 2017년 5월 29일 제406-2017-000058호
주 소 경기도 파주시 회동길 370(백산빌딩 3층)
전 화 02-914-1621(代)
팩 스 031-955-9911
이메일 edit@ibaeksan.kr
홈페이지 www.ibaeksan.kr

ISBN 979-11-88892-40-2 13690
값 18,000원